本书为国家社科基金重大招标项目"社会源危险废弃物环境责任界定与治理机制研究"（编号 16ZDA072）的阶段性研究成果。

中国固体废物的资源化：政策与法律

吴　宇◎著

THE REUSE AND RECYCLING
OF SOLID WASTE IN CHINA:
POLICIES AND LAWS

中国社会科学出版社

图书在版编目（CIP）数据

中国固体废物的资源化：政策与法律／吴宇著 .—北京：中国社会科学出版社，2018.9

ISBN 978-7-5203-2785-5

Ⅰ.①中… Ⅱ.①吴… Ⅲ.①固体废物利用-环境保护法-研究-中国 Ⅳ.①D922.680.4

中国版本图书馆 CIP 数据核字（2018）第 154282 号

出 版 人	赵剑英
责任编辑	梁剑琴
责任校对	夏慧萍
责任印制	李寡寡

出　　版	中国社会科学出版社
社　　址	北京鼓楼西大街甲 158 号
邮　　编	100720
网　　址	http://www.csspw.cn
发 行 部	010-84083685
门 市 部	010-84029450
经　　销	新华书店及其他书店

印刷装订	北京君升印刷有限公司
版　　次	2018 年 9 月第 1 版
印　　次	2018 年 9 月第 1 次印刷

开　　本	710×1000　1/16
印　　张	12.5
插　　页	2
字　　数	201 千字
定　　价	56.00 元

凡购买中国社会科学出版社图书，如有质量问题请与本社营销中心联系调换
电话：010-84083683

内容摘要

固体废物问题在现代社会越来越成为值得关注的话题。随着"垃圾围城"现象日益突出,处置固体废物的问题不得不摆在决策者的面前且亟须找到解决方案。固体废物的处置一般有填埋、焚烧和资源化三种方式,然而,前二者需要占用大量的土地资源建设垃圾焚烧厂或填埋场,并且还会产生二次污染。更为重要的是,随着居民环境意识的提高,邻避效应逐渐凸显,垃圾焚烧厂和填埋场的选址都成为当前社会群体事件的重要诱因。因而,在固体废物处置面临困境之时,提出固体废物资源化成为减少固体废物最终处置,减少邻避效应发生概率,缓和社会矛盾的重要途径,因而有着十分重要的意义。

从 1949 年中华人民共和国成立以来,固体废物资源化政策与法律一直在不断地演进和发展。整个发展历史沿革可以分为萌芽期、草创期和发展期。萌芽期正值新中国成立后政治、经济不稳定的年代,所以固体废物资源化的政策仅仅停留在一些口号上;草创期是中国固体废物管理立法从起草到出台实施的一段时间,历时 20 年,这一时期是中国固体废物资源化政策和法律逐步显现的历史时期;发展期从2003 年新的《固体废物污染环境防治法》修订颁布起计算,该法不仅吸收引进了大量的新理念,政策工具选择方面也显现出多样化的趋势。

在固体废物资源化政策与法律的发展过程中,中国的实践不仅是自我探索,也学习、借鉴和吸收了不少域外的先进经验,如欧洲各国,特别是德国、法国、瑞典、荷兰,以及美国、日本、韩国等国的做法。在固体废物资源化管理当中,中国台湾地区的管理经验也有不少值得借鉴的地方。

　　通过考察国内外固体废物资源化政策与法律的发展，总结其经验，我们可以进一步反思中国目前固体废物资源化政策工具选择与法律制度的缺陷。在政策工具选择方面，虽然目前的政策和法律已经呈现出多样化的趋势，但是，仍然倾向于使用命令—控制式的行政规制手段，而基于市场的经济手段较为单一。而在信息政策工具方面，还比较落后。所有的政策最终应以立法来保障其实施，所以法律体系的完善也就非常重要，主要是法律原则的更新和法律制度的改进。而综合性的固体废物管理立法的出台是未来的必然趋势。

目　　录

绪　　论

一　研究的背景

固体废物从人类产生时起就存在，它是人类活动的产物。人类的发展史是维持自身生存与扩大种群生存空间的历史。为了不断地扩大人类的生存空间，人类需要提高利用自然资源的广度。然而，人类的科技却又无法将资源充分地利用，所以伴随着生产和生活过程，会产生大量的剩余残渣。工业时代以前，固体废物主要由灰烬、木屑、骨头、尸体以及植物残渣组成。人们只需要将这些固体废物埋在地下处置即可，而且这样还可以提高土壤的肥力。随着商业社会的到来，固体废物污染环境问题日益突出，在长达几个世纪的时间里面，城镇和农村居民要么焚烧其生活垃圾，要么把这些垃圾倾倒进附近的河流或湖泊当中。英国的水路因此而被阻塞，致使英国议会于 1388 年不得不采取禁令，禁止向河流中倾倒垃圾，以保障船舶可以逆流航行。①

2010 年 3 月，民间环境保护组织"自然之友"发布了《中国环境发展报告（2010）》。报告认为，2009 年是中国"垃圾危机"爆发之年，垃圾填埋场、焚烧厂的选址问题，甚至焚烧厂该不该建、能不能建等问题成了大众热议的话题，这表明过去一直处于后台的隐性问题终于走向前台，成为无法回避且日益尖锐的社会问题。英国《卫报》的评论文章指出，整个中国的垃圾在迅速膨胀，"其速度不亚于中国的经济发展速度"②。

---

① ［美］安妮·马克苏拉克：《废弃物处理——减少全球废弃物》，杜承达等译，科学出版社 2011 年版，第 9 页。

② 参见樊夏、林浩、陈静《垃圾"围城"是国际性难题》，《协商论坛》2010 年第12 期。

固体废物问题是伴随着历史发展一直困扰人类的社会、经济与环境问题。它的复杂性在于，固体废物一方面既是破坏环境的元凶；另一方面又通过回收利用存在大量的潜在经济价值。随着城市的不断发展，固体废物的问题在现代社会中凸显出来。"垃圾围城"，成为现代城市发展的桎梏。所以，人们对于固体废物的感情明显的是又爱又恨。

美国环境专家贝尔用他的研究成果告诉我们，90%的生活垃圾其实都是可以回收利用的，垃圾里蕴藏着巨大的"财富"。只要按照循环经济的理论实施垃圾分类回收，不仅可以"再造"资源，还能减少垃圾带来的环境污染，在经济发展与环境保护间一举两得。① 所以，研究包括城市生活垃圾和工业固体废物，乃至危险固体废物在内的固体废物的资源化政策和法律，是解决固体废物处置困局，走可持续发展道路的必然要求。

二　研究的目的

固体废物问题可以从多个角度来看：一方面，固体废物问题只是简单的环境污染问题，是一个显著的污染源；另一方面，人类对自然资源的利用尚不完全，许多被废弃的物质还存在利用价值。早在12世纪，中国南宋时期的著名学者朱熹就提出"天无弃物"的观点。近二三十年来，环境问题日益尖锐，资源日益短缺。把固体废物转化为可供人类利用的资源这一理念也越来越引起人们的重视。在可持续发展与生态文明政策理念的引导下，建设资源节约型社会和环境友好型社会（简称"两型社会"）与循环经济成为当前中国追求的理想社会发展模式。建设"两型社会"和发展循环经济是实现社会、经济和环境可持续发展的正确方向，而固体废物的资源化是建设"两型社会"与发展循环经济中关键的一环。2008年出台的《循环经济促进法》在法律原则条文中明确规定了"资源化原则"，把废物特别是固

---

① 阎宪、马江雅、郑怀礼：《我们把多少资源放错了地方?》，《环境保护》2011年第5期。

体废物的资源化作为一项法律原则加以规定，说明"资源化"在实现循环经济中占据着重要的位置。

中国目前固体废物管理政策和法律主要是现行《固体废物污染环境防治法》，该法于 2004 年 12 月颁布，2005 年生效实施。到今日，已经过去了十三年，十三年之后，固体废物资源化的社会、经济和科技背景有了一定的变化，为提出更先进的管制规范提供了基础。《固体废物污染环境防治法》颁布实施的十三年来，对我国固体废物资源化活动所带来的法律管制诱因是十分有限的。造成这种局面的原因是因为固体废物资源化所消耗的成本比填埋和焚烧的成本高，而我国的法律制度又没有提供足够的诱因促使企业和个人开展固体废物资源化活动。况且，如果在立法中加强对固体废物资源化的相关法律规范，则又涉及参与主体之间及其与政府的法律关系问题。虽然固体废物资源化政策近年来不断创新，但是所使用的政策工具及其产生的政策效果仍不尽如人意。

为了保护环境，中国近年来的政策和法律越来越多地使用以市场经济为基础的政策工具来辅助命令—控制式的行政管制手段。因为，在促进企业和个人开展固体废物资源化活动中，除了政府的管制之外，市场机制所带来的经济诱因也不可忽视。经济工具、政策工具和法律工具的配合使用才能够既达到目的，又节约社会成本。而管制在这其中所起的作用就必须通过对固体废物资源化管理中常用的各种工具的分析才能得出结论，并确定管制的范围，进行制度的创设。最后，通过制度的设计，构建一个相对完善的制度体系才是本书最终所追求的结果。通过政治哲学、生态学等多方面理论的阐释，本书认为，为了保护环境，实现资源的节约利用，政府可以提高固体废物资源化程度的标准，特别是当技术具有可行性时；固体废物处置的最佳可行技术应当是更有利于促进固体废物资源的技术，环境立法中应当体现这样的倾向性。

三　研究的范围

通过对固体废物资源化的加强，减少最终需要处置的固体废物数量，乃是解决困境之道。而法律在管制和促进固体废物资源化的活动中起何种作用？达到何种目的？是本书的主要范围，具体分为以下三个方面。

（一）　固体废物资源化的历史沿革与政策的比较分析

固体废物的资源化在中国有着很长的发展历史，并且新中国成立以来相关政策就已经出现。通过划分固体废物资源化政策的发展历史阶段，从中可以发现中国的政策制定者们在固体废物资源化理念和技术上的发展和变化。本书将基于国内的固体废物资源化政策与法律发展历史的分析，并结合国外的规范进行对比，找出其中理论上的不足与缺失。

（二）　固体废物资源化政策工具运用的现状与分析

一般来讲，法律管制手段通常有命令控制型的手段、基于市场机制的手段以及信息工具，这些政策工具对固体废物资源化的管控有着不同的形式和效果。在固体废物资源化的过程中，采取何种法律管制手段才能获得最佳的管制诱因值得进一步深入研究。一般来说，除去强制要求企业或个人达到规定的固体废物资源化率以外，还有实施许可、指定回收等管制手段，对相对人规定义务。而市场机制的手段则可以补充命令—控制管制手段的不足，降低执法成本，这些经济工具，对于实现固体废物资源化的目的而言同样重要。并且，只有法律管制工具、经济工具以及信息工具的结合，才能明确法律管制的范围，从而对制度的设置提供参考。

（三）　固体废物资源化法律制度体系的完善

在研究固体废物资源化法律管制手段的基础上，提出成体系的法律制度构架，为废物资源化的管理奠定立法基础。对固体废物资源化的管理最终应当形成法律制度体系，才能成为社会所遵行的全面有效的行为规则。通常，单独的一个制度无法实现法律所追求的目的，只有形成一个完整的制度体系方能有效。不同制度的选择和协调，是构架法律制度体系的目的所在。

四　研究的意义

在可持续发展理念和生态文明的目标共同引导下，发展循环经济，建设资源节约型社会和环境友好型社会（简称"两型社会"）是当前中国所追求的理想社会状态。依法开展清洁生产，建立"两型社会"，促进经济的可持续发展，实现生态文明已成为一种社会共识。固体废物资源化是实现社会、经济和环境可持续发展的正确方向，而固体废物的资源化也是建设生态文明中关键的一环。如何正确对待固体废物资源化关系着生态文明的实现。当前固体废物资源化的相关研究多见诸环境管理、环境经济学和工业生态学等学科领域。在中国，专门针对固体废物资源化法律问题的研究比较少，之前更多的关注都放在循环经济等概念之上，只是在探讨循环经济的过程中，偶有提及固体废物管理。所以，对于固体废物资源化法律问题的研究属于填补这一领域研究空白的努力。

对固体废物资源化活动的管制，在世界各国的立法中"仁者见仁，智者见智"。对国内外固体废物管理的立法新发展进行跟踪研究，分析当前世界上一些重要国家在固体废物资源化管理中的管制工具，可以为中国将来修改和完善立法提供参考和建议。从法律上规制固体废物资源化活动，使之走上合法化的道路，建立一套行之有效的法律控制机制是必不可少的。制度的建立应当遵循法治的精神，中国的固体废物资源化正处于制度建立时期，迫切需要一个切合中国实际的制度构架，使之融合在中国法制体系之中。本书的一个重要意义就在于提出一个相对完善的制度构架，改变现有的管制工具，使之能更适应中国的现实。

第一章

固体废物与固体废物资源化

第一节　固体废物概述

一　固体废物的定义

"作为一种文字上的启示，定义是利用一个独立的词来给出语言上的界说，它主要是一个标明界限或使一种事物与其他事物区分开来的问题。"[①] 作为日常使用的词语与法律上使用的词语之间既有联系，又有区别。一方面，法律上的定义来自人们日常生活的经验，是经验的抽象形式；另一方面，人们在日常生活中使用词语时往往赋予其不确定的外延，这不符合法律的明确性的要求——准确的内涵和外延——在法律中使用这些词语时必须避免这种状况的出现。因此，法律上所使用的词语必须严格限制其外延。不同的学科关于固体废物的定义是多种多样的，定义的给出取决于该学科研究的范围和方式。但从不同学科的定义中我们可以抽象出固体废物的一般特征。

（一）自然科学学科中固体废物的定义

在环境科学中，固体废物指的是"人类在生产、加工、流通、消费以及生活等过程提取目的组分之后，而被丢弃的固态或泥浆状物质"[②]；或者"在社会的生产、流通、消费等一系列活动中产生的一

---

① ［英］哈特：《法律的概念》，张文显等译，中国大百科全书出版社 1996 年版，第 14 页。

② 刘天齐：《环境保护》，化学工业出版社 2000 年版，第 26 页。

般不再具有原使用价值而被抛弃的以固态、半固态存在的物质"[1]；或者"人类生活中，因无用或不需要而排出的固态物料（质）"[2]。在《环境名词索引》中，对固体废物的解释是，"从家庭、工厂和服务设施中产生的，被消费者认为是无用的固体抛弃物""固体废物主要来自矿山、农业剩余物和城市垃圾。一些产业的盛行和技术的市场化，如包装业，导致了包装物和罐装食品被普遍接受，这在某种程度上加剧了固体废物的产生量"[3]。

固体废物的名称当中，固体是指的废物的物理形态。但是，在固体废物的定义当中，往往还会包含那些非固体形态的废物，比如以容器包装的液态废物、气态废物，或者含固率小于50%的污泥等。这些废物也被纳入固体废物的定义范畴之中。[4]

此外，固体废物的判断存在着很强的客观性，指的是那些人类活动所产生的，而非自然界天然形成的废物。而且，其定义当中还存在很强的主观色彩，如固体废物的无用性判断的主观色彩同时存在于固体废物的定义之中。所以，一个东西是否属于固体废物，既要在客观上看其是不是人类活动所产生的，也要看其是否丧失了有用性或原本的用途。

（三）法律上固体废物的定义

在科学上对固体废物定义的基础之上，中国固体废物立法方面对固体废物也下了定义。1995年颁布施行的《固体废物污染防治法》中，对"固体废物"的定义为，"在生产建设、日常生活和其他活动中产生的污染环境的固态、半固态废物"[5]。该法在2004年得到修改。修改的重点之一，就是对固体废物的定义进行了重述。2004年颁布的《固体废物污染环境防治法》的附则中对"固体废物"的定义为：

---

[1]　陈立民：《环境学原理》，科学出版社2003年版，第220页。

[2]　何品晶、邵立明：《固体废物管理》，高等教育出版社2004年版，第8页。

[3]　长春社（香港保护自然景物协会）：《环境名词索引》，长春社（香港保护自然景物协会）1979年版，第11页。

[4]　何品晶、邵立明：《固体废物管理》，高等教育出版社2004年版，第9页。

[5]　1995年《固体废物污染环境防治法》第74条第1项。

"在生产、生活和其他活动中产生的丧失原有利用价值或者虽未丧失利用价值但被抛弃或者放弃的固态、半固态和置于容器中的气态的物品、物质以及法律、行政法规规定纳入固体废物管理的物品、物质。"① 而且，在法律上除了固体废物的定义之外，还有危险废物的概念，而危险废物也属于固体废物。危险废物是指，列入国家危险废物名录或者根据国家规定的危险废物鉴别标准和鉴别方法认定的具有危险性的固体废物。

在地方立法中，还有有害废物的概念。比如《江苏省固体废物污染环境防治条例》中规定的有害废物是指，不属于危险废物但含有有毒有害物质，或者在利用处置过程中必然产生有毒有害物质的废物。而《南京市固体废物污染防治条例》中则更明确了有害废物是"固体废物"。在《广东省固体废物污染环境防治条例》中，此类固体废物被称为"严控废物"。

在国外立法实践中，美国环境保护局于 2008 年更新了《资源保护与回收利用法》（*Resource Conservation and Recovery Act*，RCRA），并公布了固体废物的新定义。在新的固体废物定义中，排除了某些能够被回收或利用的次生有害废物。此间变化的目的在于，鼓励有害废物的产生者能尽量回收利用其产生的有害废物，或者通过合法的回收利用设施进行回收利用。也就是说，在美国的固体废物立法上，某些物资虽然属于固体废物定义的范畴，但是法律规定中已明确地将其排除出去。而这样做的立法目的在于，鼓励"安全、环保地回收利用固体废物和保护资源"②。

在欧洲，根据 1991 年修订的《废物框架指令》当中的定义，固体废物指的是"占有人丢弃或意图或需要丢弃的附录 I 当中所列举的物质或对象"。《废物框架指令》之所以这样规定，目的在于提高欧共体境内的废物管理效率，因而统一废物的术语和定义是十分重要的。在欧洲委员会第 94/3/EC 号决议当中，起草了一份未穷尽的废物列

---

① 2004 年《固体废物污染环境防治法》第 88 条第 1 项。

② Ali Abazari, Annie Kellough, "Less Junk in America's Trunk: the EPA's New Definition of Solid Waste", *Texas Environmental Law Journal*, Vol. 39, No. 1, 2008.

表，即《欧洲废物目录》，该目录适用于境内所有打算处置或回收利用的废物。

二　固体废物的特点

尽管以上各种立法上的定义不尽相同，但从这些定义我们可以得出固体废物的一般特征，即无用性、废弃性和经济性。

（1）无用性，是指该物品对使用者已不存在原有的使用价值并无法被使用者继续利用的特性。但是，固体废物的无用性只是相对于被称为"固体废物"物质的丢弃、废弃行为，或者相对于其以前的使用功能而言，而非绝对的"无用"。所以，固体废物并不是不存在任何价值的物质，而只是一种"放错了位置的资源"。因此，那些可以被回收利用的物质，我们也依然称为固体废物。

（2）废弃性，是指该物品的占有人放弃对其继续占有的状态。如果一个物品即使丧失了其原有的使用价值，但其所有权人或占有人并没有放弃对该物品的占有状态，该物品也不能被称为固体废物。但是，目前法律上存在一定争议的问题是，如果那些被放弃了所有权的物品被称为固体废物的话，那么它们在资源回收市场上的法律状态就会显得"模糊"，不利于固体废物资源化的交易行为。这也是前述美国立法上为何要将可回收利用的部分固体废物排除在法律上的固体废物的定义之外的原因。

（3）经济性，是指固体废物中有很大一部分属于可回收利用的，能够作为原材料投入新的生产过程中，因而具有一定的经济价值。而鼓励固体废物资源化的政策中经济刺激力度的大小，也是决定固体废物资源化程度的重要因素。固体废物的处置过程本身也可以视为一个经济过程，当中存在交易行为，并产生经济价值。

三　法律上对固体废物的分类

按照《固体废物污染环境防治法》第88条的规定，中国的固体废物可以被分成三类：工业固体废物、城市生活垃圾和危险废物。

（1）工业固体废物，一般指在工业、交通等生产活动中产生的固体废物。如工业生产中产生的燃料灰渣、原材料的制造残余物以及废弃的制造设施等。

（2）城市生活垃圾，是指城市日常生活中或者为城市日常生活提供服务的活动中产生的固体废物以及法律、行政法规规定视为城市生活垃圾的固体废物，如家庭产生的生活垃圾、办公场所产生的废纸、废塑料等，以及餐饮行业产生的厨余垃圾、建筑行业产生的施工垃圾等。

（3）危险废物，指列入国家危险废物名录或者根据国家规定的危险废物鉴别标准和鉴别方法认定的具有危险特性的废物，如废酸、废碱以及放射性废物、医疗废物等。

但是，现实中的固体废物分类远不止以上几类。按照产生源头可以分为：产业固体废物和城市生活垃圾，其中产业固体废物包含工业固体废物和农业固体废物。当前，中国在工业固体废物的管制方面比较全面，但是对农业固体废物的管制缺乏相应的具体规定，这使得农村中的固体废物污染环境问题比较突出，如农用薄膜问题或畜禽粪便问题等。

按照物料性质分类，城市生活垃圾可以分为有机垃圾、无机垃圾和废品。有机垃圾包括动物、植物的尸体和残余物；无机垃圾包括砖瓦、炉灰和灰土等；废品包含纸类、塑料、玻璃、金属、纺织品、橡胶、皮革等。按照回收利用性，城市生活垃圾可以分为：可回收利用垃圾和不可回收利用垃圾。2011年颁布的《广州城市生活垃圾分类管理暂行规定》将城市生活垃圾分类为可回收物、餐厨垃圾、有害垃圾以及其他垃圾。这种分类标准既包含了回收利用性，也包含了物料性质。

第二节　中国固体废物的现状及问题

一　中国固体废物的产生及现状

20世纪80年代初以降，中国的经济进入快速发展阶段。伴随着经济的迅猛发展，不可避免地产生大量的工业固体废物和生活垃圾。这些数量急剧增加的固体废物，越来越成为困扰城市发展的严重问题。考察最近 20 年的中国环境状况公报，我们可以发现，工业固体废物产生量逐年增加。与此同时，城市生活垃圾的清运量也在同步增长。目前全国垃圾的历年堆存量已达 60 多亿吨，并且以每年 10% 的速度递增，全国 600 多座城市中，有 200 多座已为垃圾山所包围。

　　生产过程中，农业产生的固体废物主要是畜禽养殖所产生的粪便以及农作物的植物性残余，如秸秆。工业是产生固体废物的主要产业，从矿山行业的资源开采到制造业所残余的边角废料、废弃生产装置等，整个生产过程中都会产生固体废物。根据欧洲经济活动单位分类体系（NACE）的分类，欧洲固体废物主要产生于六大经济行业：农林业、采掘业、制造业、能源产业、给水净化和供应业。[①]

　　而在消费过程当中，包装物与一次性容器和餐具成为巨大的固体废物来源。第二次世界大战之后，不断涌现的新型固体废物，使原本就很紧张的固体废物问题雪上加霜。化学工业的持续进步所带来的后果是，大量的化学制品所产生的固体废物，让这个问题变得更加复杂。还有些固体废物来源于人们为了生活的便利、舒适和其他需要，而在商品上附加的各种包装。这些包装不具有商品本身的功能，当消费行为结束之后，这些包装就会成为固体废物的重要组成部分。正因为固体废物有以上种种来源，所以在固体废物管理活动中，对固体废物进行分类就显得尤为必要。

　　一般来说，固体废物主要来源于生产过程与消费过程。所以，中国的固体废物立法中，将工业固体废物与城市生活垃圾作为两个主要的固体废物种类来分别制定相关规定。在中国固体废物的数据统计方面，工业固体废物由环境保护行政主管部门来管理，所以每年的环境状况公报当中可以获得工业固体废物产生量的相关数据。近 20 年来，中国的工业固体废物从 1990 年的 5.8 亿吨涨到了 2010 年的 24.1 亿吨，每年的涨幅将近 8%（如图 1-1 所示）。

---

① 何品晶、邵立明：《固体废物管理》，高等教育出版社 2004 年版，第 20 页。

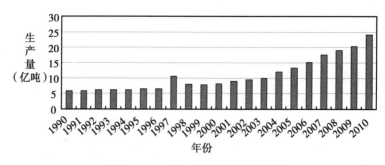

图 1-1　工业固体废物的产生量

数据来源：环境保护部年度环境状况公报：http：//www.mep.gov.cn/

hjzl/zghjzkgb/lnzghjzkgb/？COLLCC＝263486949＆。①

　　生活垃圾方面的管理主要由城市建设行政主管部门进行管辖。全国的城市生活垃圾的清运、分类与处置相关数据主要由住房与建设保障部来统计发布。根据国家统计局所公示的数据，我国城市生活垃圾的清运量由 1990 年的 0.88 亿吨涨到 2010 年的 1.58 亿吨，年涨幅为 3.5%（如图 1-2 所示）。

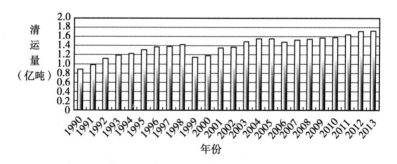

图 1-2　城市生活垃圾的清运量

数据来源：国家统计局：http：//data.stats.gov.cn/easyquery.htm？

cn＝C01。

---

　　① 2011 年环境保护部对统计制度中的指标体系、调查方法及相关技术规定等进行了修订，故 2010 年之后的数据无法与之前的数据直接比较。

二　中国固体废物的处置方式及现状

固体废物的处理和利用有悠久的历史，早在公元前 3000—前 1000 年，古希腊米诺斯文明时期，克里特岛的首府诺萨斯即有垃圾覆土埋入大坑的处理。但大部分古代城市的固体废物都是任意丢弃，年复一年，甚至使城市埋没，有的城市是后来在废墟上重建的。英国巴斯城的现址，比它在古罗马时期的原址高出 4—7 米。中国、印度等亚洲国家，自古以来就有利用粪便和利用垃圾堆肥的处置方法。为了保护环境，古代有些城市颁布过管理垃圾的法令。古罗马的一个标志台上写着"垃圾必须倒往远处，违者罚款"。1384 年英国颁布禁止把垃圾倒入河流的法令。苏格兰大城市爱丁堡 18 世纪设有大废料场，将废料分类出售。1874 年英国建成世界第一座焚化炉，垃圾焚化后，将余烬填埋。1875 年英国颁布公共卫生法，规定由地方政府负责集中处置垃圾。①

固体废物处置的概念中包含了几层含义：首先，固体废物处置方式多种多样，包括填埋场处置、土地处理、焚烧处理、深层灌注处置、矿井处置以及其他物理、化学、生物等方法。其次，固体废物处置目的是要改变固体废物的数量和性质，即减少数量、减少污染和消除危害。再次，固体废物处置包括一些环节，通常所说的固体废物处理或预处理，可以看作固体废物处置的一个中间环节或预处置环节。当然，固体废物处置的中间环节不排除可能导致固体废物利用和贮存的目的。复次，固体废物最终处置非常重要，必不可少，最终处置一定是在固体废物设施或场所中进行，这些设施或场所应该满足一定的技术要求，以保证最终处置是安全的。最后，固体废物处置实行"产生者处置"和"强制处置"原则，产生者应当承担对其所产生的废物进行适当处置的义务，无论是采取直接形式还是间接形式，产生者的处置义务是法定的强制义务，不能置之不理。②

---

① 王保士：《世界城市生活垃圾处理小史》，《环境科技》1988 年第 3 期。
② 周炳炎、郭平、王琪：《固体废物相关概念的基本特点》，《环境污染与防治》2005 年第 8 期。

一般来说，固体废物主要的最终处置方法有填埋、焚烧和回收利用。固体废物的最终处置是通过物理的手段（如粉碎、压缩、干燥、蒸发、焚烧等）或生物化学作用（如氧化、消化分解、吸收等）用以缩小其体积、加速其自然净化的过程。最早的处置方法主要是填埋或焚烧。进入 20 世纪后，随着生产力的发展，人口进一步向城市集中（美国 100 年前 80% 人口在农村，现在 80% 人口在城市），消费水平迅速提高，固体废物排出量急剧增加，成为严重的环境问题。20 世纪 60 年代中期以后，环境保护受到重视，污染治理技术迅速发展。大体上形成一系列处置方法。70 年代以来，美国、英国、德意志联邦共和国、法国、日本等国由于废物放置场地紧张，处理费用浩大，也由于资源缺乏，提出了"资源循环"的概念。固体废物的处置主要有以下三种途径。

（一）固体废物的填埋

以填埋的方式处理固体废物是目前较为理想的一种最终处置方式。因为无论哪一种处置方法，最终还会有部分难以资源化利用的残渣遗留下来，这些残渣往往含有许多有毒有害物质。为了控制这些残渣对环境的危害，必须进行最终处置，使其尽可能地与生态圈隔离开来，最大限度地控制其对环境的影响和危害。[1]填埋处置是由传统的固体废物堆放和填地技术发展起来的一种处置方式。主要是利用工程手段，采取有效技术措施，防止渗滤液及有害气体对水体、大气和土壤环境的污染，使整个填埋作业及废物稳定过程对公共卫生安全及环境均无危害的一种土地处置固体废物的方法。到 2015 年为止国家统计局提供的统计数据显示，中国城市生活垃圾的清运量为 1.92 亿吨，其中 1.15 亿吨被卫生填埋处理，占城市生活垃圾总清运量的 63.9%。2015 年，中国城市生活垃圾填埋设施 640 座，填埋处理总量达到 1.15 亿吨，比 2014 年增加 0.08 亿吨，设施数量和处理总量仍持续增长，填埋处理仍然是中国城市生活垃圾处置的最主要方式。

---

① 廖利、冯华、王松林：《固体废物处理与处置》，华中科技大学出版社 2010 年版，第 19 页。

（二）固体废物的焚烧

采用焚烧方法处理固体废物，是指将可以燃烧的固体废物送入焚烧炉中，在高温条件下（一般为 900℃ 左右），让固体废物中可燃成分与空气中的氧进行剧烈化学反应，放出热量，转化为高温烟气和性质稳定的固体残渣。焚烧法不但可以处理固体废物，也可以处理液体废物和气体废物；不但可以处理生活垃圾和一般工业固体废物，还可以处理危险废物，特别是医疗卫生垃圾。[①] 固体废物的焚烧一方面可以回收热能；另一方面也可以减少固体废物的体积，从而减少需要最终处置的固体废物数量。2005—2015 年，中国生活垃圾焚烧处理厂从 67 座增长到 220 座，日处理能力从 3.30 万吨增长到 23.3 万吨。到 2015 年为止的统计，0.61 亿吨城市生活垃圾被焚烧处置，占城市生活垃圾总清运量的 33.9%。2015 年，中国可统计的生活垃圾焚烧日处理能力达 23.3 万吨/日，在建的工程规模 10 万吨/日左右，合计共有 33.3 万吨/日。根据国家政策焚烧占比 50% 的目标及城镇化速度，预计 2020 年垃圾焚烧量达 52 万吨/日，目前运营+在建的处理规模达 37.1 万吨/日，如若统计垃圾焚烧厂筹建规模的话，则目前垃圾焚烧工程总规划量（运营+在建+筹建）则已经超过 40 万吨/日。

（三）固体废物的回收利用

固体废物中仍具有利用价值的部分，可以通过某种途径使之成为新的生产原料，从而进入下一轮的生产过程之中，以减少固体废物需要最终处置的数量。这种方法我们称为回收利用。回收利用作为一个过程，应当是指对固体废物进行重复使用，或者提取再生原材料，或者提取能源等的循环利用行为。从定义来看，回收利用是一个以对固体废物进行循环利用为目的，以重复使用或者提取物质、能源为手段的活动，它与处置行为并列构成固体废物最终处理的两种方式。

在中国的政策和法律当中，固体废物的回收利用被称为资源综合利用。资源综合利用主要指的是在矿产资源开采过程中对共生、伴生

---

① 廖利、冯华、王松林：《固体废物处理与处置》，华中科技大学出版社 2010 年版，第 14 页。

矿进行综合开发与合理利用；对生产过程中产生的废渣、废水（液）、废气、余热、余压等进行回收和合理利用；对社会生产和消费过程中产生的各种废旧物资进行回收和再生利用。固体废物的综合利用具体行为包括：①提取有价值组分。如从金属冶炼渣当中提取铜、铁、金、银等有价金属，从粉煤灰当中提取玻璃微珠，从煤矸石当中回收硫铁矿等。②回收各种有用物质。如纸张、玻璃、金属、塑料等固体废物的再生利用。③生产建筑材料。如高炉渣、粉煤灰、废旧塑料、污泥、尾矿、建筑废物等都可以用于生产建筑材料，包括轻质骨料、隔热保温材料、装饰板材、防水卷材及涂料、生化纤维板、再生混凝土等。④替代生产原料。如以粉煤灰、煤矸石、赤泥等为原料生产水泥；用铬渣代替石灰石作炼铁熔剂等。⑤回收能源。热值很高且燃烧产物无害的固体废物，具有潜在的能量，可以充分利用。如热值高的固体废物通过焚烧供热、发电；餐厨垃圾、植物秸秆、人畜粪便、污泥等经过发酵可生成可燃性的沼气。

欧盟有关废物的指令附件中就将对废物处理的方式分为回收利用的名单和处置的名单两种。[①]重复使用是指对固体废物以不改变物理化学性质的方式的利用，最典型的就是对玻璃容器的重复使用；提取再生原材料是指从固体废物中，通过物理或化学的方式提取能够投入新的生产过程中的原材料；提取能源是指通过物理化学的手段，使固体废物产生热量并对其进行收集，使其成为某种能源新的来源，前述的固体废物焚烧方式中，也包含了回收利用中热能回收的部分。在《固体废物污染环境防治法》当中所作的固体废物三种分类中，工业固体废物的综合利用率相对较高，超过50%。但是，城市生活垃圾的回收利用率则很低，低于2%。

三 固体废物处置产生的环境问题

虽然，近些年，中国城市生活垃圾的卫生填埋和焚烧处置量在逐

---

① M. Purdue , I. Chyne, "Fitting Definition to Purpose : the Search for a Satisfactory Definition of 'Waste' ", *Journal of Environmental law*, Vol. 7, No. 2, 1995.

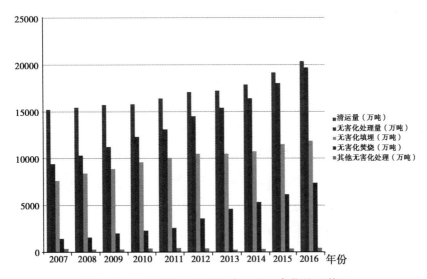

图 1-3　中国城市生活垃圾清运和无害化处理状况

数据来源：国家统计局：http：//data. stats. gov. cn/easyquery. htm？ cn＝C01。

年递增，但考虑到以往积累下来的垃圾存量和无害化处置率低等原因，通过填埋和焚烧所处置的城市生活垃圾量还是不能解决目前所面临的问题，其中之一就是环境问题。固体废物，与废气或者废水不同，其对环境所造成的污染有时候很难让人们直观地感受到。所以，人们一直没有对固体废物问题产生足够的重视。根据住建部调查数据，目前全国有 1/3 以上的城市被垃圾包围；全国城市垃圾堆存累计侵占土地 75 万亩，垃圾污染形势严峻。与此同时，垃圾处理设施能力不足以及伴随着城镇化和生活水平的提升所带来的垃圾产生量持续增加，正在使污染问题进一步加剧。固体废物会造成以下几方面的环境问题。

（1）占用土地，造成土壤及地下水污染。大量的固体废物产生后，不可能在短时间内及时被处理、处置，而需要占地堆放。在我国地少人多的情况下，固体废物侵占土地的矛盾已经日益显现。根据 2016 年的一项遥感研究表明，京津冀地区 202 个区县共监测到垃圾场地 9481 个，其中，北京市 687 个、天津市 423 个、河北省 8371 个。

所有垃圾堆总占地面积达到 2704 公顷。① 而且，固体废物堆放、贮存、处理场所如果管理不当，污染物质会侵入土壤，并随着污水渗入地下水，造成严重的土壤及地下水污染。在香港地区曾发生由于垃圾渗滤液中存在过量的氮素、重金属和其他一些有害物质，结果影响了垃圾场周边树木正常生长的情况。② 当固体废物主要为医院、生物制品、屠宰加工企业产生时，这些固体废物中就会含有有毒有害、致病细菌等物质，对人体健康与财产造成巨大的安全隐患。垃圾渗滤液对地下水的污染往往延续很长时间，是长期潜在的环境威胁，可以说，一旦地下水被垃圾渗滤液所污染，人工对地下水的净化只存在理论上的可能性，实际上是不可能的。

（2）对水环境造成污染。如果固体废物堆放、贮存、处理场所离水库、河流、湖泊、引水渠等岸边较近的话，由于雨水冲刷或风化的效果，就会导致固体废物中的污染物质进入地表水体，造成江河湖泊、水库、引水渠等水体的污染。生活垃圾堆放场产生的渗滤液溶解，携带着大量含汞、镉、铅、砷、铬等元素的化合物，以及烃类、卤代烃类、邻苯二甲酸盐类和酚类化合物等有毒有害有机物。细菌总数和各种传染病菌超过一般水源安全标准的几十倍到几千倍。所以，固体废物一旦造成严重水污染，水质的恢复需要几十年甚至更长的时间。③

（3）对大气环境的污染和温室效应。固体废物中如果还有有机成分，在适宜的温度和湿度下，这些有机成分会被微生物所分解，释放出有害气体，其中释放的甲烷气体发生燃烧，又极易引发火灾或爆炸，并向空气中排放有害物质。另外，固体废物的运输、处置过程

① 王晨、殷守敬、孟斌、马万栋、朱利、吴传庆：《京津冀地区非正规垃圾场地遥感监测分析》，《高技术通讯》2016 年第 8—9 期。

② Wong M. H., "Growing trees on landfills", In Moo Young M. Anderson W. A. and Chakrabarty A.M. (eds.), *Environmental Biotechnology: Principles and Applications*, Amsterdam: Kluwer Academic, 1995, pp.63-77.

③ 廖利、冯华、王松林：《固体废物处理与处置》，华中科技大学出版社 2010 年版，第 12 页。

中，也会产生有害气体与粉尘。例如，垃圾焚烧过程中产生的二噁英等物质，就会对环境造成极其严重的污染。除此以外，固体废物的堆放也会产生二氧化碳、甲烷和氮氧化物等温室气体。这些温室气体直接排放到大气当中，导致地球温室效应的产生。据科学研究，地球表面温度正在以每年一华氏度的速率增长。虽然导致温室效应的温室气体主要排放来自制造业的活动，但是，固体废物中所包含的化学物质在随着地表温度上升的过程中，会加剧其温室气体的产生，从而成为一个不可忽视的温室气体排放来源。

（4）影响环境卫生，对城市形象造成危害。城市里的生活垃圾是影响城市市容环境卫生的一个重要因素。如果每日的生活垃圾没有得到及时的清运，则大量的垃圾会严重影响城市居民的身体健康。而且，四处堆放的生活垃圾，特别是那些难以自然降解的塑料袋或塑料餐盒等"白色垃圾"，会对城市风貌带来不良影响。虽然中国政府在大约十一年前就发布了"禁塑令"，但是居民日常使用的塑料袋等不可降解的塑料制品总量依旧很大。每年全球使用近 4 亿吨塑料制品，中国使用了其中的 15%。仅 2015 年，中国就使用了 70 万吨的塑料袋。[①] 这些塑料袋中只有少部分被循环利用，其他的最终流入了垃圾处置的大军当中。

四　固体废物处置产生的社会问题

《固体废物污染环境防治法》中规定固体废物处置的原则为减量化、无害化和资源化。根据这些原则，回收利用自然是最好的固体废物处置方法。可是，受到科技、经济、社会等诸多因素的影响，中国固体废物的回收利用率并不高，绝大多数固体废物的最终归属是垃圾填埋场和垃圾焚烧发电厂。垃圾填埋场需要占用大量的土地，并且有容量的限制，在目前土地资源稀缺的情况下，增加新的垃圾填埋场无疑不是一种好的选择，更何况垃圾填埋场本身也有恶臭、土壤及地下

---

① Yao Xinyu, "Plastic bag use down 30 pct in China" （ http：//en. people. cn/n3/2016/0217/c90882-9017966. html）.

水污染等对环境不利的因素存在。相反，垃圾焚烧厂一方面可以通过焚烧减少固体废物的体积，以减轻垃圾填埋场的压力；另一方面，可以通过回收热能发电，增加经济效益。只是，垃圾焚烧厂在生产过程中不可避免地会排放有害物质二噁英，所以，垃圾焚烧厂对周边环境也存在潜在的环境损害。但今后垃圾焚烧的处置方法可能将会成为一种主要趋势。无论是垃圾填埋场，抑或是垃圾焚烧厂，在选址过程中都会遭遇到选址地点周边居民的反对。我们将这种反对的现象称为"邻避效应"。

（一）固体废物处置设施建设中的邻避效应

随着可持续发展理念在全世界的普及，各国和各地区人们的环境意识普遍增加。伴随着环境意识增长，各类经济发展政策与环境利益诉求之间的冲突也与日俱增。邻避（NIMBY，Not In My Back Yard，不要在我家后院）效应逐渐出现在各种环境利益抗争活动中。20 世纪70 年代，奥黑尔（O'hare）首次发现邻避性现象。[1] 而"邻避"一词则由英国作家艾米丽·特雷维尔·立夫齐（Emilie Travel Livezey）于1980 年在《基督教科学箴言报》上发表的文章中所创造，它用来描述那些地方居民反对在其居住的区域内修建对其生活可能带来不利影响的设施，比如污水处理厂、垃圾填埋场、大型化工项目、飞机场或者监狱等。[2] 并且，我们将"具有增进全民福祉，却由当地居民承受设施建造及营运时所带来外部成本，而有不受欢迎的特质"的设施称为邻避设施。[3] "邻避"这个词后来由英国政治家尼古拉斯·雷德利（Nicholas Ridley）在 1987—1989 年其担任环境部长期间发扬光大。

邻避项目风险的潜在性、非自愿承担性和规避成本高等特征，极易激起民众的反抗情绪。当其反对声音没有通畅的渠道排解或迟迟得不到回应时，民众就会选择极端的行为方式来宣泄心中的担忧和不

---

① M. O'hare, "Not in My Block You Dont - Facility Siting and the Strategic Importance of Compensation", *Public Policy*, Vol. 24, No. 4, 1977.

② Emilie Travel Livezey, "Hazardous waste", *The Christian Science Monitor*, No. 6, 1980.

③ 黄德秀：《补偿对邻避现象的影响——以乌坵低放射性废料厂址为例》，硕士学位论文，台北大学，2001 年，第 2 页。

满。在邻避效应中，存在着一种焦虑心理，而这种焦虑心理是一种集体所共有的心理状态，又可称为"社会焦虑""社会紧张"或"社会挫折感"。在邻避设施选址纠纷当中，焦虑心理体现为当个人的安全、利益等受到邻避设施威胁时，个体或群体中存在的一种紧张不安、压抑烦躁和非理性冲动的心理状态。这种紧张心理若继续蔓延，集聚到一定程度就会形成社会张力，并很容易爆发为大规模的集群行为，影响社会稳定。

理论上讲，邻避设施可以依照古典经济学的理论，透过自由市场交易来达成协议，以避免产生邻避抗争。但在现实中，邻避设施的交易不仅难以达成，而且往往会演化成激烈的社会冲突。[①] 本书所要讨论的垃圾焚烧厂就是这类典型的邻避设施。固体废物焚烧发电的处置方式在减少固体废物的体积和产生能量之外，不可避免会产生有害物质。虽然科学上认为在一定限度以下的有害物质对人体健康影响不大，但出于对环境污染和自身健康的考虑，人们仍然会高举反对的旗帜。所以，德国《固体废物管理与循环经济法》中原则性地规定，只有当固体废物不能被回收利用时，才可以考虑回收热能的方式。这样的规定即是考虑到固体废物在焚烧时可能产生的环境污染，所以要求应尽可能地减少以焚烧的方式来处置固体废物。但是，由于科技与经济水平的局限，终究会有一部分固体废物需要被焚烧，也会有一部分固体废物及焚烧后的固体废物残渣需要被填埋。因此，垃圾焚烧厂和垃圾填埋场都是城市发展中必需的基础设施。邻避效应是一种无法从根本上消除的社会现象，而且它将社会、环境与政治问题结合在了一起。

（二）现实案例

我们不妨首先考察一个近年发生在广州番禺的案例。按照广州市政府的规划，2009年10月，广州市番禺区将在该区范围内的大石会江村和钟村镇谢村选址建造垃圾焚烧厂。而选址的大石会江村地块原

---

① 汤京平：《邻避性环境冲突管理的制度与策略——以理性选择与交易成本理论分析六轻建厂及拜耳投资案》，《政治科学论丛》1999年第10期。

本就是一个垃圾填埋厂。随着经济的高速发展，该填埋厂很快将达到设计的容量，这就意味着该垃圾填埋厂将被废弃。但是，大量的垃圾又不得不处理，否则经过二三年，"垃圾围城"的现象就会出现。根据固体废物处置专家的意见，垃圾焚烧可以减少垃圾的体积，如果技术得当，也能够在最低限度污染的情况下，实现垃圾的无害化。所以，建立垃圾焚烧厂成为当地政府的一项选择。但由于当地居民对垃圾焚烧场可能产生的二恶英的担心，而引发了集体抗议的行动。并且，距离选址场地不远的地方是一个属于华南板块的楼盘，由于附近风景很好，吸引了近 30 万户居民入住。当地的住户也担心垃圾焚烧厂的建设，使得其当初购房时所看中的良好环境化为泡影。因而，各方利益团体聚集起来集体签名反对该项目的开工建设。2009 年 10 月，该垃圾焚烧厂建设项目被迫停工。并在随后的两年内，引发社会关于垃圾焚烧厂选址的大讨论。2011 年 4 月，广州番禺重启垃圾焚烧厂的建设项目，并公布了选址的具体流程，包括备选点的产生和审批程序，提出了五个备选点，以供择优地址。计划于 2011 年 6 月 15 日前收集垃圾焚烧厂备选点供市民和人大代表、政协委员提出意见和建议，同时对规划初稿（包括 5 个备选点）进行规划环评。待市民、人大、政协的意见汇总后，连同规划环评审查意见，供专家论证会进行最终评审、论证。待市规划局审查、审批后，按相关程序纳入市控制性详细规划统一管理，确定垃圾焚烧厂地址。2011 年 8 月，垃圾焚烧厂项目选址最终确定在大石会江村。但是，直到 2017 年为止，就新闻媒体的报道来看，大石会江村的村民对此选址决定仍然持反对态度。也就是说，无论经过怎样的程序和提供怎样的科学证明，反对垃圾焚烧厂的声音始终存在。

（三）邻避效应所带来的问题

设施选址中的邻避效应让固体废物填埋与焚烧的处置方式陷入了一个进退维谷的境地。一方面，每日大量产生的固体废物不得不找到场地进行处置，否则固体废物对环境造成的污染会给城市居民的生活带来极大的损害；另一方面，处置固体废物的设施无论选址在哪里，都会有邻避效应的产生，除非是远离城市的荒芜之地，但这对处置固体废物的企业来说，高昂的成本无疑是其不可行的理由。法律制度上的缺陷或缺失更让固体废物的填埋与焚烧处置方式进一步深陷"邻避效应"的困局。

1. 公众参与环境决策机制的缺陷

《环境影响评价法》于 2002 年通过实施，该法主要针对建设项目或规划对环境可能造成的危害要求进行事先评估。但是，这部作为预防性的环境法律并未将公众参与的详细程序规定进去，仅在总则部分原则上鼓励公众以适当方式参与。虽然民间对公众参与环境决策有很大的呼声，特别是那些与公众有着直接环境利益关系的建设项目的决策，如果缺少了公众参与的部分，很难保证该决策的民主性与科学性。然而直至 2006 年，才由当时的国家环境保护总局出台了《环境影响评价公众参与暂行办法》，这份法律文件规定了一个相对详细的公众参与环境影响评价的程序。只不过该办法没有规定公众参与过程中公众对风险的担心可否成为阻止垃圾填埋场开工建设的否定性理由。所以，我国环境法上公众参与环境决策的程序性规定不清楚所致制度上的缺陷，导致在应对邻避效应下固体废物处置问题时，缺乏操作的标准。

在技术专家眼中，只要垃圾焚烧厂符合排放标准，科学上已经证明其所排放的二噁英的量不会对人体造成损害。因此，这就能够成为垃圾焚烧厂建设的合法证明。而公众对风险的要求极为苛刻，特别是那些强加给他们的风险。这往往导致技术专家与公众在意见上的相左。无论是《环境影响评价法》，抑或是《建设项目环境保护条例》等法律法规中的规定，都没有针对公众意见作详细的规定。当公众与技术专家的意见不一致时，公众针对风险承担问题提出的意见能够被采纳，在法律层面上，尚存疑问。

更重要的一点是，长期以来，中国对邻避的本质认识存在一个误区，即认为政府照顾大多数人利益，可以牺牲小部分群体利益，因此，在邻避设施选址过程中采取"决定—宣布—辩护"的决策模式：首先，政府依据专家意见，按照"最低成本"和"最小抵抗途径"进行封闭决策；然后，通过公示方式宣布决策结果，由于信息不公开，导致公民对邻避设施选址结果不认同；最后，政府采取应急式回应并通过专家进行解释和辩护。

不可否认，垃圾焚烧厂的建设是为了解决垃圾填埋场缺陷而作的相对较优的选择。垃圾填埋场的缺陷很明显——需要占用大量的土地，并且会带来恶臭、土壤与地下水污染。而且，由于科学技术上证明了垃圾焚烧厂在正常的操作下可以不对周边居民造成人身或财产损害。那么，垃圾焚烧厂的建设无论是社会需求，还是技术上的考量都是必要且合法的。

在垃圾焚烧厂建设项目环境影响评价过程中的公众参与部分，周边居民提出的对风险的担心，是否具有阻止项目开工建设的否定性效力？正如奈特所说，风险是一种不确定性。很明显，人们不能以不确定性的事物作为抗辩来阻止工程的建设。但是，这样一个邻避设施在开工建设的时候，如果不能很好地解决邻避效应所带来的后果，即便是利用公权力强行推进建设项目，最终结果也只能是导致社会负面情绪的增加。

基于以上的考虑，当垃圾焚烧厂周边居民的意见无法被采纳，进而无法阻止该设施开工建设时，法律上却没有提供进一步的救济措施。周边居民能否起诉至法院？法院能否对风险因素进行考虑并阻止该垃圾焚烧厂的建设？中国法律对此缺乏明确的规定。

2. 补偿机制的欠缺

黄德秀的研究发现，补偿对于受邻避设施影响的周边居民在支持该邻避设施建设方面有着很大的影响。[①] 如果项目的开发商或者政府提供的补偿足够高，相对地反对的声音就会减弱许多。目前，中国法律没有关于邻避设施兴建对周边居民补偿的明文规定。所有的补偿标准都只来源于利益团体与政府和项目开发商之间的谈判和协商。缺乏法律规范的前提下的谈判与协商必然带来许多不确定性。而这种不确定性直接影响到诸如垃圾焚烧厂这样的邻避设施的正常开工建设。拖

---

① 黄德秀：《补偿对邻避现象的影响——以乌坵低放射性废料厂址为例》，硕士学位论文，台北大学，2001年，第11页。

延的结果只是增加了社会的成本。

首先，法律上补偿的对象和原因不明确时，补偿行为缺乏法律依据，导致补偿变成了政府的一种"恩赐"或者是出卖环境权或健康权的"对价"，而且补偿的效果也无法得到保障。对邻避设施周边居民的补偿可以分为两种：一种是直接补偿；另一种是间接补偿，也就是台湾地区学者所称的回馈金。直接补偿针对的主体是利益受影响的个人，而回馈金指的是针对整个社区提高福利所用的资金。当法律中对补偿没有明确规定的时候，补偿的对象范围和方法就变得具有随意性。与我们国家正在发生的许多建设项目一样，垃圾焚烧厂这样的邻避设施周边居民的补偿往往都是在争议中解决的。这让参与博弈的双方必须充分利用各种因素，以在谈判中获得更有利的地位。这种争议的过程极像是为了出卖"环境权"或"健康权"所进行的讨价还价。像垃圾焚烧厂这样的建设项目，建设方本就是政府招标而来的，政府为项目建设方背后的支持力量，这对那些处于弱势的群体，如农民、城市低收入者等，无疑是一个难以挑战的事实。而且，像垃圾焚烧厂这种具有一定公共服务性质的设施，在运营上有时还需要地方政府给予补贴，又如何筹集资金向地方政府进行回馈，促进周边社区的基础设施建设呢？抑或，补偿给地方政府用于提高社区福利和进行基础设施建设，资金的来源与使用如何监督？地方政府在垃圾焚烧厂的建设中起着积极的推动作用，地方政府针对垃圾焚烧厂周边社区的改善，到底是算地方政府本来应尽的职责，还是属于邻避设施对地方社区的回馈？立法上缺乏相关依据的后果，就是补偿的性质不明，这使得补偿变成一笔糊涂账。

其次，补偿的程序和补偿的标准不明确时，补偿机制的欠缺就会带来另一个严重的后果，那就是在邻避抗争利益集团内部会发生分化。如果补偿机制不属于常态的话，则通过不对等的谈判就会导致某些人可以获得更好的补偿，而另一些人则难以获得公平对待。利益的分配由此再一次发生了倾斜。感觉到利益受到侵害的群体必须通过扩大影响，寻求社会力量的支持，以期获得在谈判中的有利位置。群体性事件的发生正是获得全社会关注的便利途径。法律上若未能明确补偿的程序与标准，则使得原本可以通过补偿降低邻避效应的情形变得复杂。因为，作为对垃圾焚烧厂周边居民的补偿，补偿并不是针对他们所受到的实际损害而做出的。理论上，垃圾焚烧厂在正常的运营状态下，达标的废气排放可以避免对周边居民产生直接的人身或财产损害。虽然科学证明了，在符合排放标准的情况下，少量的二噁英不会导致人体的损害，但事实上，对垃圾焚烧厂污染物质的排放检测要依靠一段时间的均值来确定，并不是一个稳定的排放量。更何况，当事故发生或者监管不力的情况下，超标排放的物质必然会引起周边居民的身体和财产损害。即便没有实际上的损害，补偿也是针对垃圾焚烧厂的风险而提供的规避风险的补偿。正如前面提到的邻避效应的发生，很大程度上来源于垃圾焚烧厂周边居民对风险的厌恶所致。如果邻避设施想要顺利开工建设，就应当通过补偿，来降低周边居民对风险的心理抵触情绪。或者通过补偿，周边居民可以移出该社区，从而使那些不愿意承担风险的居民可以真正地规避风险。当缺乏法律上明确的补偿标准时，补偿就不能够按照正常的价值来计算，从而无法提供足够规避风险的诱因。

五　固体废物处置产生的经济问题

（一）垃圾填埋的成本

人口集中带来了固体废物处置的新问题，那就是固体废物处置成本大幅度的上升。历史上，土地十分丰裕，废液也不那么厉害，残余物可以堆埋在垃圾场。但是，随着土地变得越来越稀缺，垃圾堆埋的方法变得越来越在经济上不合算。① 加之考虑到对地下水和周边土地价值的影响，传统的垃圾填埋处置会产生新的经济问题。

城市生活垃圾的管理可以分为收集、清运、处理处置等几个环节。所以，垃圾填埋处置的成本计算可以从这几个环节考虑。根据学者近些年对垃圾处置的成本估算，北京市 1998 年生活垃圾收集、转

---

① 〔美〕汤姆·蒂滕伯格：《环境与自然资源经济学》，金志农、余发新等译，中国人民大学出版社 2011 年版，第 186 页。

运、填埋的社会成本，分别为 21.7 元/吨、37.0 元/吨、39.1 元/吨。[1] 2009 年杭州市余杭和临安的垃圾处理成本，分别为 253.5 元/吨和 276.6 元/吨。[2]

2011 年北京市环卫集团阿苏卫、安定和北神树三个垃圾填埋场处理的垃圾量占北京市城六区垃圾清运总量的 53.5%。其中，阿苏卫垃圾卫生填埋场位于昌平区百善乡，是北京市第一座符合现代卫生填埋标准的大型垃圾填埋场。填埋区实施气体表面收集及全密闭工程，通过点燃和沼气发电两种形式对填埋气进行综合利用；渗沥液出水执行《关于北京市生活垃圾填埋场水污染物排放适用标准有关问题的公告》。该填埋场于 1994 年建成并投入运行，填埋场工程主要包括防渗处理系统、渗滤液收集处理系统和沼气收集利用系统。[3] 该填埋场占地 604000 平方米，总投资 1.1 亿元，使用寿命 17 年，日垃圾处理能力 2000 吨，主要承担东城区、西城区的全部生活垃圾以及朝阳区、顺义区、昌平区的商业垃圾的卫生填埋（涵盖阜外西里社区），单位垃圾基建成本为 8.5 元。2012 年，环卫集团三个填埋场的运行维护成本均为 110.0 元/吨，即为政府补贴价，其中，材料费占比最高，为 50.09%，其次是工艺费 21.77%，动力费和设备折旧分别占 1.34% 和 2.65%。参照密闭式清洁站土地成本计算方法，垃圾卫生填埋的土地成本为 264.5 元/吨。因此，卫生填埋末端处置的社会成本合计 383.0 元/吨。北京市生活垃圾填埋处置社会成本核算结果表明，收集成本占全成本的比重高达 59.1%；转运成本占 13.3%，其中，转运站和运输分别占 3.5%、9.8%；卫生填埋成本为 421.7 元/吨，占 27.6%。收集与卫生填埋成本构成全成本的主要部分。垃圾收集环节属于劳动密集型，人工费占收集成本的 36.5%；而真正用于垃圾处理的费用较

① 陈科、梁进社：《北京市生活垃圾定价及计量收费研究》，《资源科学》2002 年第 5 期。

② 何品晶、张春燕、杨娜等：《我国村镇生活垃圾处理现状与技术路线探讨》，《农业环境科学学报》2010 年第 11 期。

③ 魏光明、邹安华、邢奕等：《城市生活垃圾卫生填埋场工艺设计及存在问题探讨》，《环境工程》2007 年第 5 期。

少，转运站和卫生填埋的作业成本合计 188.4 元/吨（未包括土地成本），其他 1342.3 元主要产生于收集与运输环节以及往往被忽视的土地成本。此外，在生活垃圾处置社会成本中，土地的机会成本为 328.1 元，占全成本的 21.4%，垃圾处置占用的土地资源不容忽视。根据《中国环境年鉴》中相关数据核算北京市 2012 年生活垃圾处置成本为 151.2 元/吨。该成本包括垃圾处理厂的固定资产投资、运行维护费用（能源消耗、设备维修、人员工资、管理费及与垃圾处理厂运行有关的其他费用），而垃圾处理厂的处置费用，仅占垃圾处置全社会成本的 9.9%。依据公开统计资料估算的垃圾处置费用仅为末端处理作业成本，远低于垃圾处置的全社会成本。2012 年，北京市生活垃圾清运量为 648.31 万吨，根据 1530.7 元/吨的垃圾处置社会成本，估算其垃圾处置的社会成本总额达 99.23 亿元，占当年北京市财政支出的 2.1%，人均垃圾处置支出高达 556.4 元/年。不难看出，垃圾处置的社会成本已经非常高，垃圾减量已刻不容缓。[①]

（二）新增资源的开采成本

以填埋为主的固体废物处置方法不仅具有高昂的处置成本，也会因为资源在整个生产过程中一次性地使用导致需要开采更多的新增资源来维持经济的发展。因而，填埋处置固体废物还会带来新增资源的开采成本和伴随开采而产生的环境外部性成本等一系列经济问题。

早在 20 世纪 70 年代，罗马俱乐部就提出粮食、原料、矿物燃料和核燃料以及这个行星上吸收废料并使重要的基本化学物质再循环的生态系统是最终决定地球增长极限的物质资源。"现在，即使考虑到，随着可利用资源减少而涨价这样一些经济因素，铂、金、锌和铝的数量似乎都不足以应付需求。按现在的发展速度……银、锡和铀到本世纪末即使按更高的价格也可能供应不足。"[②] 资源开采成本是指矿产资

---

① 宋国君、杜倩倩、马本：《城市生活垃圾填埋处置社会成本核算方法与应用——以北京市为例》，《干旱区资源与环境》2015 年第 8 期。

② ［美］丹尼斯·米都斯：《增长的极限》，李宝恒译，四川人民出版社 1983 年版，第 61 页。

源开发过程中，由于选用的开采技术水平较低，或管理水平不高，使得矿产资源的实际开采量少于设计开采量。矿产资源作为一种可耗竭性资源，由于缺乏有力的行业管理及宏观调控，加之矿产资源产权关系不清所产生的不可持续的管理行为，使矿产资源在开采中被严重浪费，造成了对矿产资源未来开采效益的损失。同时由于无序及过度开采，使部分矿井服务年限减少，造成了投资效益的损失。另外，还有一种资源开采成本是由于技术水平有限，在矿产资源共生的情况下仅开采其中一种，而舍弃其他品种。

除了原生资源稀缺所产生的成本增加外，对新资源的开采还会产生外部环境成本，如环境污染、地面塌陷等。到 2001 年年底，全国已有各类矿山企业 15.3 万个，矿业生产总值 4790 亿元，占全国国内生产总值的 4.9%。年产原煤 9.5 亿吨，原油 1.7 亿吨，铁矿石 2.2 亿吨，10 种有色金属 865 万吨，成为世界第三矿业大国。但是，在取得这些巨大收益的背后，人们却为此付出了昂贵的外部成本。据初步统计，全国因露天采矿、开挖和堆放各类废渣、废石、尾矿等直接破坏与侵占的土地已达 586 万公顷，且以每年 4 万公顷的面积递增；因地下采矿引起的塌陷面积达 8.7 万公顷；因矿山开发疏干排水，造成大面积的地下水位下降，仅山西因采煤就造成 18 个县 26 万人口吃水困难，3000 余处井泉断流，2.7 万公顷水田变为旱地；因采矿产生的废水、废液，其排放总量占全国工业废水排放总量的 5.7% 以上，且污染严重，使许多河流受到污染；矿山周围大气污染也相当严重，据调查，煤炭矿山采选行业的工业废气排放量列全国第 5 位；因矿山建设和开发引起的山体开裂、滑坡、崩塌、泥石流、水土流失等地质灾害和环境破坏更是比比皆是，造成大量人员伤亡和巨大的经济损失。[①] 所以，在缺乏对固体废物进行资源化的情形下，势必导致新增资源的需求量加大，从而导致相应的成本增加，造成社会发展的阻碍。

---

① 李世涌、李君浒、陈兆开：《矿产资源开发中的外部成本分析》，《安徽农业科学》2007 年第 36 期。

第三节　中国固体废物资源化概述

为了从根源上减少垃圾填埋场和垃圾焚烧厂的压力，决策者需要找到替代方案。那就是，完善固体废物回收利用的法律规范，促进固体废物的资源化，减少固体废物的产生量，进而减少此类邻避设施的建设。就中国目前的状况而言，固体废物资源化的相关法律非常薄弱。就连垃圾分类这样的基本要求，都无法通过法律规范表达出来。很多人觉得目前国人素质无法达到垃圾分类这样的要求，要他们一夜之间强制性地进行垃圾分类未免困难。但很多环保政策就是一夜之间推行成功的，比如"限塑令"。中国台湾地区在推行垃圾分类的过程中，虽然也曾遭遇非常强烈的社会反对声音，但在很短的时间内，该制度就得到了推广与实施。况且，垃圾焚烧厂建立的缘由之一就是通过焚烧可以减少垃圾的体积，缓解垃圾填埋场的压力。而固体废物的回收利用不也正好可以达到此目的么？固体废物资源化过程中所遭遇的邻避效应必然比设置垃圾填埋场和垃圾焚烧厂小得多，也有利于解决邻避效应所带来的社会压力。所以，固体废物资源化必然会变成越来越重要的固体废物处置方式，以缓解填埋与焚烧的处置方式所面临的困局。

一　中国的固体废物资源化的意义

固体废物是目前世界上唯一不断增长的潜在资源和财富，如加以充分利用，可以有效地缓解资源和能源的短缺。同时，固体废物资源化又是治理环境污染最有效且对环境负效应最小的途径之一。所以，开展固体废物资源化活动，具有以下两个方面的意义。

一方面，固体废物资源化是节约资源，保护环境，提高环境效益的必要途径。固体废物的问题是当代社会一个重要的环境问题。固体废物对环境的污染与破坏不仅仅是占用土地，而且还会造成土壤、地下水及空气的污染。工业化都市中每天产生大量的固体废物，这些固体废物如果不能妥善处理，则会危害到人民的身体健康和财产安全。中国是世界资源消费大国，随着经济发展，资源供求矛盾日益突出。为此，国家提出可持续发展战略，将有限的资源进行可持续的开发利用。作为中国资源综合利用重要组成部分的固体废物资源化得到了前所未有的重视，固体废物回收管理工作也成为各级政府的重要工作。改革开放以来，中国的经济高速增长，同时资源的消耗量增长更快。在此期间，中国国内生产总值从 1978 年的 1473 亿美元增长到 2004 年的 16494 亿美元，GDP 增长十多倍，矿产资源消耗增长 40 多倍。2003 年 GDP 增长 9.1%，而石油、煤炭消耗增长分别达 15.7% 和 20%。经济发展需求的 45 种主要矿产资源储量中，中国可以保证需要的到 2010 年只有 21 种，到 2020 年仅剩 9 种。[①] 在严峻的资源形势下，中国仍有大量的固体废物没有得到有效回收利用。不仅导致了资源的严重浪费，同时也带来很了严重的环境问题。中国工业生产和城市生活产生的大量有用废物没有经过系统的回收、再利用，直接采取卫生填埋或露天堆放，占用了大量土地资源。同时，由于目前中国城市居民对生活垃圾没有进行全面的源头分离，拾荒者只能从混合生活垃圾里寻找获得收入的机会，这也带来了严重的环境、卫生、安全问题。在全国 660 多座城市中，已有 200 多座城市陷入城市生活垃圾山包围之中。[②] 固体废物对土壤、地下水、大气会造成现实和潜在的污染，由于环境对城市生活废物的自净能力很弱，这种污染一经形成，其效果就会相当持久。经济发展离不开资源，资源对于人类社会经济发展的重要性毋庸置疑，保证资源永续利用是社会经济持续发展的基础。随着原生资源开采费用的增加和废物处理成本的上升，人类对于健康、环境的关注，人们越来越重视城市生活废物产生的问题。所以，固体废物资源化的过程就是降低固体废物的有害性，保护自然环境，提高环境效益的过程。

---

① 世界银行：《中国固体废弃物管理：问题和建议》（http://www.worldbank.org.cn/Chinese/Content/China-Waste-Management cn.pdf，2005）。

② 沈东升、何若、刘宏远：《生活垃圾填埋生物处理技术》，化学工业出版社 2003 年版，第 5 页。

另一方面，固体废物资源化是经济发展模式转变的必然需要。人口、资源、环境是当今世界经济、社会发展面临的主要问题，它们相互联系、相互影响、错综复杂。在人类社会文明进步的过程中，一方面过度地开发和利用自然资源，另一方面又向自然界排放了大量的废物，致使自然资源大量消耗，环境日益恶化。面对严峻的资源、环境现状，如何实现人口、资源、环境的协调发展已经成为确保中国经济和社会可持续发展进而实现全面小康社会的关键。对固体废物资源化所产生的再生资源或包装容器的再利用，都可以有效地降低企业的生产成本。比如，对电子废物中的贵重金属金、铂、铍等的回收，较之在自然界开采，能够节省大量的成本。此外，固体废物的回收利用还能促进循环经济的构建，提高社会生产效率。除了在企业内部、企业间的资源循环利用与废物最小化以外，产品消费过程产生的固体废物的回收利用，是固体废物资源化应用最广泛的实践领域。无论是清洁生产、生态效率与生态设计、生命周期评价、生态工业与生态工业园、省市循环经济体系建立、废旧物资的回收再利用等实践活动都从不同的层次上，不同的角度实现着循环经济所追求的目标。可以肯定的是，无论哪方面的实践都与固体废物资源化密切相关，而这些举措在构建一个环境友好的经济发展模式之外，也能够有效地推动社会生产效率的提高。

二　中国固体废物资源化的内涵与方式

（一）中国固体废物资源化的内涵

从一个生产环节来看固体废物是无用的废物，而从另一生产环节来看，它们往往可以作为其他产品的原材料，又不是废物。固体废物处置的最好办法是综合利用，化害为利，变废为宝，这就是"固体废物的资源化"。所谓固体废物的资源化，又称固体废物的综合利用，就是将固体废物中能够重复利用的物质提取出来，作为新生产过程的原料进行使用，以达到减少固体废物产生量和减少使用新开采资源的目的，从而实现可持续发展的目标。

《中国21世纪议程》第十九章"固体废物的无害化管理"第四部

分"废旧物资的资源化管理"中提到，中国废旧物资资源化的目标是：①近期目标为制定约束性法规，提出发展规划和计划，在大宗废旧物质产生的领域内弃置量减少20%—30%；②中期目标为建立完整的废旧物资弃置监督管理体制，建立一系列法规与配套规章。大宗包装材料实行循环回收利用，在全社会开展废旧物资弃置最小量化工作，使社会废旧物资弃置量减少80%；③远期目标为实行废旧物资弃置的全方位综合管理。

固体废物资源化包含两层含义：其一，资源化是作为固体废物处置的目标而对固体废物处置行为所做出的要求，是将所谓固体废物作为一种生产的资源来对待；其二，资源化不再是处理与利用过程中通过狭义的工程技术手段来现实的目标，而是从产生点的贮存、收运阶段即开始进行，从而成为贯穿整个固体废物管理体系的指导原则。资源化通过将可回用产品（包括可回用零部件）的设计、源分离收集（分类收集）等非末端处理技术过程使废物流组成特性更符合综合利用过程的要求。① 这就要求对固体废物产生全过程进行监管，在产生过程中对其进行资源化，是固体废物从无用之物变为资源的过程。

（二）中国固体废物资源化的方式

目前，固体废物资源化的方式有多种，有的回收物质，如木纤维、塑料、金属等；有的回收能源，如燃烧热、酒精以及肥料、蛋白质等。而目前最迅速有效的固体废物资源化方法就是回收热能，将其当作燃料来使用。具体而言，固体废物资源化有以下几种方式。

（1）物质回收型。这一种固体废物资源化的方法主要是在不改变固体废物物理性质的情况下，对固体废物进行再利用，或者粉碎后当作原材料来使用。前者如将空的饮料瓶当作花瓶、铁盒当作储物盒，或者使用了单面的打印纸背面当作便笺条等。这些行为都是普通居民可以在家中完成的，以使得丢弃的生活垃圾量减少。另一种物质回收型的固体废物资源化方式为产品包装容器的再利用。比如，空的牛奶瓶回收清洁后再使用，或者家用电器维修后当作二手货品出售使用

---

① 何品晶、邵立明：《固体废物管理》，高等教育出版社2004年版，第38页。

等。还有一种物质回收型固体废物资源化方式指的是废旧物质粉碎后当作原材料来使用，比如废纸、废铝管、废电线等，这些固体废物都可以粉碎后当作再生纸张的原料或者回收铝、铜、铅等金属物质。

（2）化学转化型。固体废物经过化学转化可以回收热、燃油、煤气以及有机物等。主要的化学处理方式有焚烧、热解法以及水解法。目前，正式营运操作的企业多采用焚化或热解法这两种固体废物资源化的方法，其他的方法尚未进行大规模商业化使用。

（3）生物转化型。有些含有机物的固体废物可以通过生物转化的方式，借由固体废物中的微生物进行分解合成作用。其产出物质类似腐殖土的堆肥。微生物可进行好氧或厌氧作用，分解有机物。厌氧法分解固体废物需要先将固体废物分类、破碎，借以获得细小之有机物，再经微生物的厌氧发酵反应，产生甲烷等气体。但厌氧分解会产生恶臭，而且分解速率较为缓慢，所以堆肥法多采取好氧法。

三 中国固体废物资源化的现状

在中国，固体废物可以分为工业固体废物和生活垃圾两大类，它们在资源化方面有着不同的表现。工业固体废物的资源化程度比较高，从 1990 年综合利用量的 1.7 亿吨（占当年产生量的 30%）到 2010 年综合利用量的 16.1 亿吨（占当年产生量的 67%）的数值比较来看，无论是综合利用的固体废物数量和所占比例都有明显的上升。但中国每年还是存在大量可利用而未利用的固体废物，价值达 250 亿元，约有 300 万吨钢铁、600 万吨废纸未得到回收利用，废塑料的回收率不到 3%，橡胶的回收率仅为 31%，仅每年扔掉的 60 多亿枚废干电池就含 7 万多吨锌、10 万吨二氧化锰。另外，中国固体废物回收利用加工业整体规模较小，在工业产业中的比重还很低。2005 年中国固体废物回收加工业的产值为 292.95 亿元，仅占工业总产值的 0.12%。而发达国家固体废物回收利用加工业已经成为支撑基础工业发展的重要产业。[①] 生活垃圾的资源化方面情况则更不容乐观。中国的生活垃

---

① 刘明华、林春香主编：《再生资源导论》，化学工业出版社 2013 年版，第 13 页。

坂仍然以混合收集为主，并采用填埋、堆肥和焚烧的方法进行处理，其中填埋占了处理总量的90%以上。垃圾的混合收集，使得垃圾的处理难度大，垃圾处理厂的建设投资和运营费用高，中国生活垃圾的回收利用基本上处于空白状态。

（一）工业固体废物的资源化水平发展平稳

根据中国环境保护产业协会固体废物处理利用委员会2010年度的报告，中国工业固体废物的利用在不同行业和不同领域发展非常不平衡。利用率较高的工业固体废物有煤矸石和粉煤灰，它们的综合利用率都达到70%以上。煤矸石的主要综合利用途径是：煤矸石发电、生产水泥、制砖，用于井下充填、复垦造田、筑路等；而粉煤灰的主要用途从最早的工程回填方面发展到建材制品、建筑工程方面的应用。其中，高附加值的应用，如水处理；提取微珠、碳铁、铝、洗煤重介质、冶炼三元合金、高强耐火材料和耐火泥浆等，越来越受到回收利用行业的重视。[1] 不过我们可以发现，煤矸石和粉煤灰的利用，与中国目前基础设施建设大发展有着密不可分的联系，正是因为建筑工程行业的兴旺发达，导致相关固体废物回收利用产品的市场需求增加，因此提高了这些类型的工业固体废物的资源化率；而相对于煤矸石和粉煤灰，其他的工业固体废物，如赤泥、钢渣、污泥等的回收利用情况则不容乐观。比如，中国氧化铝产量达到346万吨，每年赤泥量也与此相当。但是由于赤泥中的碱含量高，限制了它在水泥生料中的配比用量。因此，目前大部分赤泥仍是堆存，少量用于生产水泥。中国应用赤泥最好的山东铝业公司也只利用了产量的1/3。再如，到2010年年底，中国每天产生的湿污泥至少已达到17.5万吨。现阶段污泥处置仍以填埋为主，污泥利用为辅。污泥焚烧较少采用。填埋处理由于占地大、渗滤液会污染地下水、后续处理管理费高等问题，应用受到限制。[2] 2000年以来，中国工业固体废物的综合利用率基本保持在50%—70%，但是由于工业固体废物的排放量增长较快，相应地

---

① 中国环境保护产业协会固体废物处理利用委员会：《我国工业固体废物处理利用行业2010年发展综述》，《中国环保产业》2011年第8期。

② 同上。

未被资源化的工业固体废物总量也在快速增加，如图 1-4 所示。

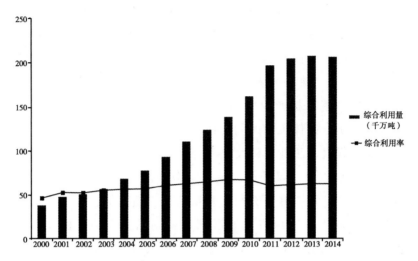

图 1-4　工业固体废物综合利用状况（2000—2014 年）

数据来源：环境保护部年度环境状况公报：http：//www. mep. gov. cn/hjzl/
zghjzkgb/lnzghjzkgb/？COLLCC＝263486949＆。

（二）城市生活垃圾的分类和回收利用程度较低

目前，在中国的大多数城市，生活垃圾的分类和回收利用程度都不高。实行分类和回收利用的城市往往属于经济水平较高和居民文化素质较高的地区。除此以外的很多城市，生活垃圾的混合收集清运属于常态。很多地方生活垃圾分类回收率不高，甚至没有分类回收。而有分类回收的地区也存在分类收集的容器投放量不够以及城市居民不按分类进行投放的问题。[①] 而且，中国城市生活垃圾收集清运后，主要的处置手段是填埋与焚烧。所以，我国城市生活垃圾资源化的水平相较而言还十分低。中国城市垃圾问题长期未得到解决，其原因主要有：在观念上，一直强调"靠山吃山，靠水吃水"，重资源利用而轻废物再利用。这样的做法虽然可以让国内生产总值快速增长，但也留下了资源的超常利用和污染物的超常排放两大遗憾。在管理体制上，

① 马诗院、马建华：《我国城市生活垃圾分类收集现状及对策》，《环境卫生工程》2007 年第 1 期。

环境保护部门和环卫服务企业政企不分，导致城市生活垃圾、工业、建筑和医疗垃圾由各个部门分散管理，很难提高管理效率。[①] 此外，除了观念和管理体制上存在的问题，城市生活垃圾的分类和回收利用法律制度尚未建立是根本的原因，这就导致很多地方对城市生活垃圾的分类和回收利用管理缺乏法律依据如图 1-5 所示。

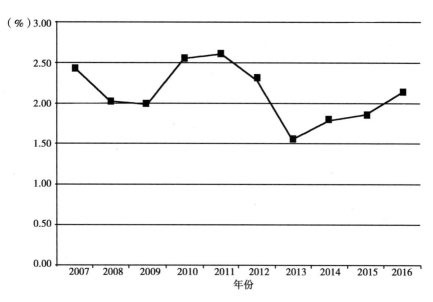

图 1-5　城市生活垃圾其他无害化处理率

数据来源：国家统计局：http：//data. stats. gov. cn/easyquery. htm? cn = C01。

第四节　中国固体废物资源化的政策理念和发展模式

固体废物的管理经历了一个在理念和发展模式选择上逐步优化的过程，固体废物的资源化并未从开始就产生，而是逐步地在技术层面、经济层面和社会层面上发展出清洁生产、循环经济、资源节约型

---

① 何波：《实现城市垃圾资源化，推进生态文明建设》，《西南民族大学学报》（人文社科版）2009 年第 4 期。

与环境友好型社会等发展模式，再加上从 20 世纪 90 年代引入中国环境政策当中的可持续发展理念和 21 世纪提出的生态文明绿色发展理念。这些理念和发展模式渐进式地叠加在一起，逐渐描绘出一个现实主义的固体废物资源化管理的指导思想和实践进路。

一　可持续发展：固体废物资源化的基本发展理念

（一）可持续发展理念的发展

美国生态经济学家肯尼思·鲍尔丁认为，当今社会的人们对资源的利用采取的是"牛仔经济观"，即将地球上的资源看作取之不尽、用之不竭的。正是这种观念，使人类以无节制地消耗地球资源作为代价去创造自身的幸福，最后导致资源危机，伤及人类自身的幸福。可持续发展的概念在环境立法和国际公约中普遍存在着，这是一项得到世界各国普遍认同的法律原则。在 1992 年里约热内卢的环境与发展大会上，《里约宣言》中的可持续发展原则变成一项全球共识，其目的在于防止和减缓人类行为对地球生态系统的不利影响。可持续发展的概念一直在发展变化中。到 2002 年南非约翰内斯堡的可持续发展世界峰会上，人们意识到社会的可持续发展应当由三个部分组成：所有的努力应当推动经济发展、社会发展和环境保护这三个可持续发展的组成部分一体化。可持续发展既包括这三个要素中的每一极的单独发展，也包括联合起来发展。所以，削减贫困、改变不可持续的生产与消费方式和保护、管理作为经济和社会发展基础的自然资源成为可持续发展的目标与要求。

（二）可持续发展的定义

1987 年，世界环境与发展委员会，或称"布伦特兰委员会"，对可持续发展做出了最经典的定义，那就是，"可持续发展应是既满足当代人发展的需要，又不对后代人满足其发展的需要做出能力上的限制"。这个概念的核心观点就是自然资源的开发、投资的方向、技术发展的道路和制度变化所组成的社会变化进程应当能协调和增进当代与后代满足其需要与欲望的潜在能力。美国的总统可持续发展委员会（President's Commission on Sustainable Development，PCSD）把可持续发展的理念归结为"3E"，即经济（Economy）发展、环境（Environment）保护和社会公平（Equity）。[①]在总统可持续发展委员会的报告《我们相信》中提及这三个要素是相互联系的，一个可持续发展的政策应当要加强地方社区的建设，增进它们在环境、公平、自然资源和经济增长决策中的作用。实现可持续发展就意味着要对经济增长做出一定的限制。但是，可持续地增长与可持续发展两个概念之间有着区别。可持续地增长意味着数量上的增加，特别是经济体系在物理层面上的扩张；而可持续发展则是质量上的增加，它强调的是使经济体系维持在一种与环境相平衡的状态之中。但是，当诸如臭氧层空洞、温室效应、生物多样性减损等环境破坏事实出现时，环境已然不能再被视为经济的一部分，采取保护手段为时已晚。因为，传统的经济模式并没有把其所依赖的自然环境算在经济体系当中。那么，这就要求对传统的经济增长方式作出调整。

（三）可持续发展理念的内涵

可持续发展的理念，将经济、社会与环境作为一个整体来看待，它包含了以下几方面的内涵。

首先，可持续发展不否定经济增长，尤其是发展中国家的经济增长，但需要重新审视如何推动和实现经济增长。要达到具有可持续意义的经济增长，必须将经济增长方式从粗放型转变为集约型，减少经济活动所造成的环境压力，研究并解决经济上的扭曲和误区。

其次，可持续发展要求以自然资产为基础，同环境承载能力相协调。"可持续性"可以通过适当的经济手段、技术措施和政府干预得以实现。要力求降低自然资产的耗竭速率，使之低于资源的再生速率或替代品的开发速率。

再次，可持续发展以提高生活质量为目标，同社会进步相适应。"经济发展"的概念远比"经济增长"的含义更为广泛。经济增长一般被定义为人均国民生产总值的提高；而经济发展必须使社会结构、经济结构同环境承载能力相协调。

---

① J. B. Rhul, "Sustainable Development: A Five-Dimensional Algorithm for Environmental Law", *Stanford Environmental Law Journal*, Vol. 18, 1999.

复次，可持续发展承认并要求体现出自然资源的价值。这种价值不仅体现在环境对经济系统的支撑与服务上，也体现在环境对生命支持系统的存在价值上，应当把生产中环境资源的投入与服务计入生产成本与产品价格之中，并逐步修正和完善国民经济核算体系。

最后，可持续发展的实施以适宜的政策和法律为条件，强调"综合决策"与"公众参与"。需要改变过去那种各个部门分别制定与实施经济政策、社会政策和环境政策的做法，提倡根据周密的经济、社会和环境考虑及科学的原则、全面的信息和综合的要求，来制定各方面的政策并予以实施。

（四）可持续发展理念与固体废物资源化

"地球的生态系统是封闭式的世界而非开放式的宇宙"，在这个地球上所贮存的资源是有限的，而不是我们以前所说的"取之不尽、用之不竭"。地球有限主义已成为当今世界环境伦理学中的三大主张之一，是环境科学、环境法学、环境管理等学科的思想渊源。地球有限主义，是指地球生态系统的承载能力是有限度的，它不能承受过度的环境开发利用活动。人们的一切活动都应当局限于地球生态系统的可持续利用能力范围中，对不可再生的资源应当尽量采取措施，节约使用。

要解决这个问题，必须首先认清自然资源的极限，对自然资源限度的认识是建立开发自然资源道德、规范的前提。我们通常将自然资源分为可再生资源和不可再生资源。对于后者，因其在较长的时间内无法自行恢复，所以消耗多少此类资源，这类资源在地球上的存量就减少多少。人们只有通过寻找替代资源或节约使用，才能使这类资源不至于枯竭。可再生资源是指那些能在很短的时间内自行恢复的资源，从理论上说这类资源是取之不尽、用之不竭的，但是这只能在某种程度范围内实现。现实中，人们对这类资源的开发、利用的水平往往超过其自动更新恢复的能力，最终也会导致这类资源的枯竭。所以，我们必须对地球上自然资源的有限性有个清楚的认识，才能正确选择可持续的生活方式，防止地球最终走向不可生存的境地。

面对自然资源的有限性，我们只有发展一种节约使用自然资源的新观念。这种节约使用自然资源的方式，可以是通过技术革新减少对自然资源的使用量，也可以是对已经使用过的产品回收利用有用部分，从而达到减少使用新资源的目的。从可持续发展定义及其内容可以知道，可持续发展不仅包括经济的内容，而且还包括人口、环境、资源和社会等方面的内容，它指的是包括自然系统在内的整个社会系统的发展。这种发展是在传统发展基础上，通过改变生产方式、生活方式、社会制度、经济体制等方面的内容，达到改变传统上人与自然和人类自身内部相互关系的认识。可持续发展的提出，是传统发展方式与生产方式不能持续下去的结果。由于生产方式是社会经济制度的基础，因此可持续发展不仅代表着一种新的发展观，而且也代表着一种新的生产方式的产生，标志着社会生产方式和制度在一定程度上的革新。同样，在1992年的里约热内卢环境大会上，《二十一世纪议程》的通过，为世界各国开展有利于环境的废物管理提供了一个方向。它特别强调产品的生命周期管理理念，而这一理念可以从四个方面的要求来反映可持续发展的理念：①减少废物；②通过再使用和循环来扩大废物的环境友好性；③推动有利于环境的废物处理和处置；④扩大废物服务的覆盖面。而这四个方面正是平衡"社会—经济—环境"三极的基点。

固体废物的资源化行为与可持续发展的理念不谋而合，其根本目的是解决自然资源浪费问题，促进社会持续发展。通过对废弃产品的回收利用活动可以节约对新资源的使用，为后代人保存其发展所需的必要条件。代际公平是可持续发展中的重要原则，在当代社会迅速发展的同时也要考虑到后代人发展所需的基本物资，不能在短时间内就将后代人发展所需的物质条件消耗殆尽，妨碍后代人的发展。可持续发展要求减少废物的产生，特别是固体废物的产生。固体废物在生产过程中不仅仅造成资源的浪费，还会带来潜在的大气和水体污染。同时，减少固体废物，意味着减少处置固体废物的设施建设，也就是减少和降低固体废物设施建设中的邻避效应所带来的社会抗争的发生概率。社会发展所需的公平与正义结合了环境保护的诉求，对减少固体废物，从源头进行控制提出了更高的要求。要实现可持续发展，最根本的是要减少对地球上资源的过度消耗，也就是说，要充分利用已经投入生产过程中的资源，防止资源的浪费。之所以说固体废物资源化活动是具有可持续性的行为，是因为通过这项活动，使人类对自然资源的使用量可以控制在极限值以内。当代社会的经济运行已经处于超越可持续的临界点，为了防止经济活动超越自然资本的临界线，将经济活动置于可持续发展的限制之中是必需的。这种限制不一定要通过减慢发展脚步来实现，可以通过技术改良，减少对自然资源的使用量来达到预期目的。正所谓"开源节流"，一方面我们要减少产品生产过程中资源的消耗；另一方面，要通过对固体废物的回收利用来获得新的再生资源，而不是从自然界去提取新资源，以实现控制经济发展不超过自然资本临界线的目的，实现社会、经济和环境的可持续发展。

人类发展导致了固体废物的产生，在可以预见的将来，人类的生存和发展仍将伴随着固体废物的排放。这是一个基本的事实。目前，固体废物产生量与人均收入水平的严格相关性揭示了当下的经济发展与可持续性的要求极度不相称的事实。在现有的发展模式下，经济发展意味着固体废物产生量的增加；不同收入国家、城市生活垃圾组成间的差异还指明了产生量的增加是由更多地消耗资源所引起的；同时，高收入国家的废物中还含有更多的自然生态环境不可分解的工业制成品残余。对固体废物管理而言，这样的发展模式显然与可持续发展战略相违背。可持续发展战略指出，实施产生源的控制必须改变目前的发展模式。根本性的固体废物源头减量的实现是以全社会的发展引导指标的转化，以及随之发生的发展模式的改变为前提的。由于这一改变涉及人类意识的根本性转变，并受到既有发展模式的巨大惯性制约，绝非短期内可以见效，因此，现在固体废物管理提出了积极实施各种现实可行的源头减量措施（如玻璃容器标准化与回收、过度包装的限制等）外，最积极的管理措施是使进入固体废物流的物质最大限度地资源化。通过各种可行的分离和加工过程，使废物重新进入生产领域，由此节省后续处理的资源消耗，亦可节约相关自然资源的消耗，这同样符合可持续发展战略核心之一——保护资源承载力，维护后代人发展基础的原则。

二　循环经济：固体废物资源化的经济发展模式

（一）循环经济理念的发展

循环经济是以可持续发展思想为指导，运用生态学规律，重构人类社会经济活动，实现资源高效循环利用，是可持续发展思想的实施途径。[①] 它最早源于美国经济学家鲍尔丁的"宇宙飞船理论"，他认为地球就像在太空中飞行的宇宙飞船，需要靠消耗自身有限的资源而生存，如果人们的经济活动超过了地球的承载能力，地球就会像宇宙飞船一样走向毁灭。循环经济涉及经济、社会和生态三个方面的和谐统一，追求的是人和生态系统的和谐，以及整个地球繁荣发展。

循环经济理念的背后，是对经济发展前提认识的转变。新的经济发展观不再以大量排放废物的技术体系和社会体制为前提，而以对排放出来的废物进行回收利用为基础，将技术体系和社会体制本身从大量废弃型转变到回收再利用型。循环经济被认为是可持续发展的最佳实现途径。因为，循环经济与传统的经济发展模式相比，可谓优势巨大。传统的经济发展以自然资源的大量消耗为前提，进行着"自然资源—产品—废物"的发展过程。一方面是自然资源存量的迅速减少，另一方面是环境容量日益饱和。传统的经济发展模式是粗放型、单向线性的不可持续的发展。可持续发展所提出的要求是，"既要满足当代人的需要，又不至于对后代人满足其需要的能力构成威胁"，这就要求我们无论是自然资源还是环境容量都必须为后代人留有余地。这是当代人的义务，也是后代人的权利。为了实现此目的就必须改变现有的经济发展模式，在大量的理论与实践探索中，人们发现循环经济这一理念能够满足"可持续发展"的需要。循环经济是一种新的经济发展观，它以物质的闭路循环为前提，加强物质在生产、生活活动中停留的时间，以减少对自然资源和环境容量的需求。

[①] 王立红：《循环经济——可持续发展战略的途径》，中国环境科学出版社 2005 年版，第 21 页。

　　在德国，20 世纪 90 年代以来相继颁布了《包装条例》和《循环经济和废物管理法》等法律。1991 年的《包装条例》就是按照循环型社会基本要求的思路所制定的。它要求德国的生产商和零售商首先要减少直至消除不必要的包装，其次要对包装物进行回收再利用，尽量减少包装废物的产生量和由此带来的填埋、焚烧等处理。其后，德国于 1996 年颁布的《循环经济和废物管理法》则更为系统地运用"3R"原则来解决废物的问题。它将循环型社会基本要求的物质闭路循环思想从包装领域推广到所有的生活废物。

　　在日本，《循环型社会形成推进基本法》是建立循环型社会的基本法。它是于 2000 年 4 月 14 日由日本内阁会议通过并送国会批准的。其结构为总则、建设循环型社会的基本计划和建设循环型社会的基本政策，共计 3 章 32 条，系统地规定了循环型社会的概念、基本措施、基本要求、有关建立循环型社会基本计划的制订和政府、地方公共团体的对策等。这部法律对在日本推行循环经济起到重要作用。此外，日本关于促进循环经济发展与建设循环型社会还有几部重要的法律，如 1995 年颁布的《容器包装循环法》，该法通过对特定事业者（容器制造者、容器使用者和包装使用者）和消费者课以特别义务，以达到促进废物减量和资源的合理利用，保证废物的妥善处理和资源的有效利用，并有利于生活环境的改善和国民经济的健康发展。[①]1998 年颁布的《家电循环法》则主要针对废旧电视机、电冰箱、洗衣机和空调等废旧家电数量日趋上升，但当时的回收处理体制又无法适应这一状况而采取的法律上的应对措施。通过对家电制造企业、零售商、垃圾管理部门以及消费者规定不同的义务，以提高废旧家电的回收利用率。这部法律大大地促进了日本有关再生利用技术的开发和再生分解线的建设。[②]另外，2000 年颁布的《食品循环法》通过制定目标、质量标准和处罚规则等手段，以期减少有机垃圾的排出量，减轻垃圾处理的负担，为建设循环型社会和可持续发展创造条件。[③]除

---

①　郭廷杰：《依法促进资源再生利用效果明显》，《再生资源研究》2001 年第 6 期。
②　郭廷杰：《日本〈家电再生法〉实施状况简介》，《再生资源研究》2002 年第 3 期。
③　郭廷杰：《日本的〈食品废物再生法〉简介》，《再生资源研究》2001 年第 3 期。

以上几部法律之外，日本还先后颁布和修订了《废物处理法》《资源有效利用处理法》《绿色采购法》等法律。这些法律构成了一个资源回收与再生利用方面的比较完善的法规体系，并且有着良好的实施效果。这为在日本促进循环经济发展打下了坚实的基础。

（二）循环经济的定义

所谓循环经济，指的是减少废物的产生与排放，并以对产品实行综合利用及循环利用为手段，旨在实现社会、经济和生态保护协调的经济发展模式。其实质在于使社会生产、生活过程中的物质尽可能地反复利用，减少进入和排出这一循环的物质的数量。循环经济的主旨是解决人与自然和谐共存的问题，其目的是人类如何开发资源，又不破坏资源或有益环境，达到社会发展、经济发展和环境保护"三赢"境地。[①]

可以说，自从循环经济产生起就对其有两种认识，一种可以概况为"活动说"，另一种可以概况为"模式说"。循环经济是一种善待地球的经济活动形式。它要求把经济活动组织成为"自然资源—产品和用品—再生资源"的反馈式流程，所有的原料和能源都能在这个不断进行的经济循环中得到最合理的利用，从而使经济活动对自然环境的影响控制在尽可能小的程度；是依据资源—生产/消费—再生资源的物质代谢循环模式而建立的一种既具有自身内部的物质循环反馈机制，又能合理融入生态大系统物质循环过程中的经济发展体系形态。

循环经济是一种以资源的高效利用和循环利用为核心，以"减量化、再利用、资源化"为原则，以低消耗、低排放、高效率为基本特征，符合可持续发展理念的经济增长模式，是对"大量生产、大量消费、大量废弃"的传统增长模式的根本变革。这是一种新型的经济增长模式，是建立在现代生态理论基础上的新经济发展模式。具有可持续发展的巨大优势，对于整个地球生态和人类社会都是最优化的一种经济模式。

通过对循环经济定义的考察我们可以大致得出循环经济有以下的

---

① 张坤：《循环经济理论与实践》，中国环境科学出版社 2003 年版，第 48 页。

几点特征。

（1）是人类社会特定历史发展阶段的产物。循环经济是作为传统"大规模生产、大规模消费、大规模废弃"经济发展模式对立物出现的，尝试建立以"资源—产品—再生资源"为特征的替代经济发展与运行模式，启动了向未来稳态经济社会前进的步伐。

（2）是经济发展所遭遇的资源约束和生态约束环节变迁的产物。经济发展过程中，资源和环境的约束是始终存在的。然而，近代以来工业生产方式的崛起和大规模工业体系的建立使得约束发生的主要环节和性质发生了根本性的变化，即由产能、运能等环节的约束逐渐转变成为资源存量和储量上的约束，甚至是生态系统失衡上的终极约束。正是约束环节的变迁导致了现代意义上循环经济的诞生和兴起。

（3）是以往环境与发展成就的综合体。从浓度控制到总量控制，从只关注污染物到关注废物，从单纯的环保对策到综合政策，从末端治理到清洁生产再到消费端和需求端本身，从专门化组织到全民参与，所有这些实际上都表达着一种信息，即我们必须以一种整体、系统和积分式的发展视角来对待环境和发展问题。循环经济正是提供了这种视角的载体。

（三）循环经济的内涵

在循环经济理念当中，处于核心地位的是"3R原则"，也即减少废物产生（Reduce）、重复使用（Reuse）和循环利用（Recycle）。"减量化"原则，一方面指对产品重新进行设计，尽量减少对原生材料的使用，以达到保存自然资源的目的；另一方面，它指的是尽可能地减少固体废物的产生量，从固体废物产生的源头进行控制，以缓解环境容量的压力。"减量化"原则是建立在自然资源是有限的这一前提下的，突破了以往资源不竭尽的观点，是建立循环经济的根本基础。"再利用"与"再循环"是自然资源使用方式上的两个原则，也可是说是对已经产生的固体废物处理前的两个基本原则。一旦固体废物产生，则必须将其分类，区分为可重复使用的固体废物与不可重复使用的固体废物。在这一点上，1994年德国《循环经济和废物管理法》从废物的定义对其加以区分，区分为应处置（Disposal）的废物和循环利用（Recycling）的废物。对于不可重复利用的固体废物要将其以填埋、贮存和焚烧等方式妥善处理；对可重复使用的固体废物则进行"再利用"和"再循环"等活动。"再利用"是指对固体废物以不改变其形状、用途、性质的方式重新投入新产品的使用中去。"再循环"则是指从固体废物中提取再生材料或是对达到一定标准的固体废物进行热回收。这个"3R"原则无疑与固体废物的处理有着千丝万缕的联系。固体废物的回收利用与这一过程不谋而合，固体废物资源化的目的在于保存自然资源，防止其消耗殆尽及缓解现代社会固体废物对环境容量带来的压力。这三个原则对建立循环经济起着至关重要的作用。循环经济就是对资源及其废物进行综合利用的一种生产过程。这一过程的实施，可以实现最大限度地保护资源和节约资源作用。通过"3R原则"的实施，实现资源的充分利用，以保护环境。循环经济的"3R原则"是一个有机联系的整体，其中减量化原则是基础和前提。首先要减少经济源头的污染产生量，在生产阶段尽量避免各种废物的排放；其次，对于源头不能削减的污染物进行回收利用，使其回到经济循环中去；最后，只有当避免产生和回收利用都无法实现时，才将最终废物进行环境无害化处置。① 虽然"3R原则"以减量化原则为起点，但是在现实生活中，对废物的循环利用才是重点。总之，循环经济的"3R原则"使资源以最低的投入，达到最高效率的使用和最大限度的循环利用。

（四）循环经济理念与固体废物资源化

固体废物资源化无疑是实现循环经济的途径之一，而且是一个重要的途径。在循环经济理论中，废物的排放应当是下一个生产过程的起点，而这也正是固体废物资源化的起点。

循环经济可以分为宏观、中观与微观三个层次。从宏观上讲，就是在整个社会实现循环经济，在不同的行业之间、不同的生产和生活过程之间以及生产与消费之间，实现资源和固体废物之间的相互转

①　王立红：《循环经济——可持续发展战略的途径》，中国环境科学出版社2005年版，第27页。

化，从而实现整个社会的"零排放"；中观层面上，指的是生态工业园区中不同企业之间，实现固体废物的流转与资源化，不同的企业之间进行固体废物的交流，实现固体废物的充分利用；微观层面上，指的是企业内部的固体废物循环利用。

循环经济是国际社会推进可持续发展的一种实践模式，它强调最有效利用资源和保护环境，表现为"资源—产品—再生资源"的经济增长方式，做到生产和消费"污染排放最小化、废物资源化和无害化"，以最小成本获得最大的经济效益和环境效益。[①] 这里最小的成本不仅仅指经济成本，也包括了环境的价值在其中。因为地球上许多资源的存量都十分有限，必须在寻找到替代资源之前，可持续地对其进行利用。这就要求要十分珍惜已经投入生产和生活过程中的资源，对生产和生活过程中产生的废物要重复利用和循环利用。只有这样，才能够从经济成本和环境成本的双重层面上，达到最小成本利益最大化的目的。

循环经济本质上是以"废物"资源的循环再利用为核心和关键的自循环经济。所谓的自循环，就是指静脉经济与动脉经济的耦合与互动形成的关于"废物"在经济系统内部的反馈式自我循环流动。原本在传统经济中直接排向环境的"废物"被迫返回经济系统而与环境相脱离，与社会生产和再生产环节相链接，从而形成"废物"在经济系统内部的自我循环和再利用机制，使循环经济成为一种具有创造绿色产值并有经济效率的环境友好型经济。[②]

三　清洁生产：固体废物资源化的技术发展模式

(一)　清洁生产理念的发展

工业革命以前，人类在创造文明的同时，因毁林开荒、超载放牧和不合理灌溉等行为，引起一系列严重的环境问题。撒哈拉沙漠地区曾经是埃及人的粮仓，因为长期不合理耕作而成为今日的不毛之地。

---

① 解振华：《大力发展循环经济》，《求是》2003 年第 13 期。
② 王国印：《论循环经济的本质与政策启示》，《中国软科学》2012 第 1 期。

工业革命开始之后，由于煤的大规模使用，产生大量的烟尘、二氧化硫和其他污染物质，而冶炼工业、化学工业、造纸工业等行业排放的有毒有害物质危害更大。进入 20 世纪之后，环境污染和生态破坏更是从局部问题转变成为区域问题，进而演变成为全球性问题。因此，人类在获取海量的资源并改善生活条件的同时，也遭受了环境对人类的报复。为改善人类的生存和生活条件，人类在发展过程中逐步认识到保护和改善生态环境的重要性，实施了一系列的措施。其中最成功的当属末端治理，但末端治理也给经济带来了巨大的影响，已成为经济可持续发展的严重障碍。[①] 国内外污染防治的理念，开始从末端治理转向全过程治理，由此而发展出清洁生产的理念。清洁生产是工业污染防治的最佳模式和有效途径。与传统的末端治理模式相比较，清洁生产最大的优势就是经济效益与环境效益的统一。

清洁生产的概念源于 20 世纪 70 年代。1979 年 4 月欧洲共同体理事会宣布推行清洁生产的政策，同年 11 月在日内瓦举行的"在环境领域内进行国际合作的全欧高级会议"上，通过了《关于少废无废工艺和废料利用的宣言》；美国国会于 1984 年通过了《资源保护与回收法——有害和固体废物修正案》，当中规定废物最小化原则，即在可行的环节将有害废物尽可能地削减和消除。1990 年 10 月，美国国会又通过了《污染预防法案》，从法律上确认了应在污染产生之前削减或消除污染，在此期间，清洁生产所包含的主要内容和思想在世界上不少国家和地区均被采纳，但在不同的国家和地区有不同的表述。[②] 中国从 20 世纪 90 年代末开始推行清洁生产理念。当时的国家环境保护总局发布了《关于推行清洁生产的若干意见》，这份文件从转变观念，提高认识；加强宣传，做好培训；突出重点，加大力度；相互协调，依靠部门；结合现行管理制度，加强国际合作等方面提出了要求。2003 年 1 月《清洁生产促进法》颁布实施，标志着清洁生产的理念在中国正式进入法制保障的阶段。2012 年，新修订的《清洁生

---

① 张凯、崔兆杰：《清洁生产理论与方法》，科学出版社 2005 年版，第 13 页。

② 同上书，第 5 页。

产促进法》增大了对清洁生产的促进力度，从制度上给予了更多的保障。

（二）清洁生产的定义

1989 年，联合国环境规划署对清洁生产所作出的定义是，"对工艺产品不断运用一种一体化的预防性环境战略，以减少其对人类和环境的风险"；"是一种新的创造性思想，该思想将整体预防的环境战略持续地应用于生产过程、产品和服务中，以增加生态效率和减少人类和环境的风险"。联合国环境规划署对清洁生产的定义将其上升为一种战略，该战略的作用对象为工艺和产品，其特点为持续性、预防性和综合性。

根据《中国 21 世纪议程》的定义，清洁生产指的是，既可满足人们的需要，又可合理地使用自然资源和能源，并保护环境的实用生产方法和措施，其实质是一种物料和能耗最少的人类生产活动的规划和管理，将废物减量化、资源化和无害化或消灭于生产过程之中。同时，对人体和环境无害的绿色产品的生产亦将随着可持续发展进程的深入而日益成为今后产品生产的主导方向。

《清洁生产促进法》中对清洁生产的定义是，不断采取改进设计、使用清洁的能源和原料、采用先进的工艺技术与设备、改善管理、综合利用等措施，从源头削减污染，提高资源利用效率，减少或者避免生产、服务和产品使用过程中污染物的产生和排放，以减轻或者消除对人类健康和环境的危害。

（三）清洁生产理念的内涵

首先，清洁生产不是一时的权宜之计，而是要求对产品和工艺持续不断地改进。所谓的清洁是相对而言的概念，是对于现有的生产状况而言的改进。这样，经过不断地持续改进产品与工艺，企业的生产、管理、工艺、技术和设备等达到更高水平，达到节省资源、保护环境的目的。因此，清洁生产是人类可持续发展的重要战略措施之一。从清洁生产实施所需的时间来看，一条具体的清洁生产措施，可能涉及清洁生产技术的研究与开发、清洁生产技术的采纳、配套的管理措施乃至企业文化的转变，因而其显著效果往往需要较长的时间才能显现出来。

其次，清洁生产强调在产品生命周期内，从原材料获取，到生产、销售和最终消费，实现全过程污染预防，其方式主要是通过原材料替代、产品替代、工艺重新设计、效率改进等方法对污染从源头削减，而不是在污染产生之后再进行治理。

最后，清洁生产不应看作强加给企业的一种约束，而应看作企业整体战略的一部分，其思想应贯彻到企业的各个职能部门。就清洁生产而言，其工作涉及生产的方方面面，而且只有全员参与才能确保清洁生产的实施效果。鉴于消费者的环境保护意识不断增强，清洁产品市场日益扩大，有关环保的政策和法律越来越严格，清洁生产已经成为提高企业竞争优势，开拓潜在市场的重要手段。同时，清洁生产对社会也将产生深远的影响。因此，从这个角度看，清洁生产又涉及社会、公众和政府部门的参与角色问题。

（四）清洁生产理念与固体废物资源化

根据物质不灭定律，在生产过程中，物质按照平衡原理相互转换，生产过程中产生的废物越多，则原料（资源）消耗也就越大，即废物是由原料转化而来的。清洁产生使废物最小化，也等于原料（资源）得到了最大化利用。此外，生产中的废物具有多功能特性，即某种生产过程中产生的废物，又可作为另一种生产过程中的原料。资源与废物是一个相对的概念。如热电产生的炉渣，对于生产过程而言是固体废物，而对于生产水泥的厂家来说，却是生产原料。由此可见，清洁生产的理念与固体废物资源化有着莫大的关联。固体废物也就是放错位置的资源，它资源化的过程，就是清洁生产的过程。

四 "两型社会"：固体废物资源化的社会发展模式

（一）"两型社会"的概念与发展

2007年国家发展和改革委员会正式发文，确立了武汉城市圈和长株潭城市群为"两型社会"实验区。所谓的"两型社会"，就是指资源节约型和环境友好型社会（简称"两型社会"）。资源节约与环境保护是我国的基本国策。2007年的国务院政府工作报告中曾指出：

"要在全社会大力倡导节约、环保、文明的生产方式和消费模式，让节约资源、保护环境成为每个企业、村庄、单位和每个社会成员的自觉行动，努力建设资源节约型和环境友好型社会。"胡锦涛同志在党的十七大报告中，把"建设生态文明，基本形成节约能源资源和保护生态环境的产业结构、增长方式、消费模式"，作为对实现全面建设小康社会奋斗目标的新要求之一。[①] 建设资源节约型和环境友好型社会是我国转变经济增长方式与可持续发展的重大战略选择，"两型社会"建设改变了高投入、低产出的粗放式增长方式。建设"两型社会"的理念，是中国政府提出的创新性独有理念。这与目前中国经济高速发展，资源破坏与浪费现象突出不无关系。所以，在秉承可持续发展的理念，推行清洁生产，构筑循环经济的前提之下，使社会走向资源节约型与环境友好型，成为中国社会发展的目标。地球的资源是有限的，在我们寻求到替代资源之前，人类社会的经济增长就依靠有限的资源来维持。建设"两型社会"的思想根源是可持续发展的理念，而建设"两型社会"，其终极目标在于实现社会、经济和环境的可持续发展，二者可以在追求可持续发展理念的基础上并存互补。

　　资源节约和环境友好是相辅相成的两个概念。资源节约是一个问题的两个方面。既有共同之处，又有差别。它们不仅包括了人类社会发展条件的基本要素，而且囊括了生产、流通和消费等基本环境，更重要的是概括了政治、经济、文化等人类社会发展构成的基本面。[②]"两型社会"的内涵就在于：①资源节约型社会就是统筹人与自然和谐发展，实现资源的高效利用。资源节约型社会包含节约型的产业结构、节约型的城市化模式和交通运输体系、节约型的消费结构以及节约型的社会观念；②环境友好型社会是指在现有经济技术条件下，实现社会活动对环境的负荷和影响最小化并提出采取有利于环境保护的生产方式与消费方式，构建经济社会与环境协调发展的社会体系。从

---

① 于幼军：《在建设生态文明中加强资源节约和环境保护》，2008 年 1 月，中国共产党新闻网（http://cpc.people.com.cn/GB/64162/82819/114926/114927/6840387.html）。

② 匡远配、曾福生：《论两型社会：基于资源节约和环境友好互动的解释》，《湘潭大学学报》（哲学社会科学版）2011 年第 3 期。

"两型社会"建设的指标体系来看，对资源、能源消耗指标与主要污染物指标的控制是判断"两型社会"建设是否成功的关键。[①] 不论是资源节约型社会，抑或环境友好型社会，都只是一种社会的发展形态。所以，为了后代人能够有资源去维持其发展，我们当代人就必须尽可能地为后代人保存资源，以免阻碍他们的发展，这就是可持续发展内涵的延续。资源节约型社会要求社会经济建立在一个节约资源的经济发展模式之上，减少对资源的消耗，同时充分利用进入生产、生活过程中的资源，最终减少向自然界排放的废物，简单地说，就是用最少的资源获得最大化的成果；而环境友好就是指人类的生产、生活等活动应当尽可能减少对自然环境造成的不利影响，特别是那些不可逆的不利影响。同时，通过发展经济和科技，采取有利于环境的经济发展模式，实践能够保护环境的经济活动，这就是环境友好型社会的应有之义。同样地，环境友好型社会的实践，亦是为了实现可持续发展。自然环境，是我们人类社会和经济发展的基础，离开了这个基础，一切的发展都是无稽之谈。所以，保护环境既是保护社会发展的基础，同时也是促进社会发展的根源。

（二）"两型社会"与固体废物资源化

"两型社会"中资源节约型社会所提倡的资源节约，就是指在生产、建设、流通、分配、消费等领域，通过法律、经济、技术管理、宣传教育等综合性措施，动员和激励全社会节约资源，以最少的资源消耗获得最大的经济效益和社会效益，满足人们日益增长的物质文化的需要，保障经济社会的可持续发展。[②] 在这样的要求之下，在社会生产和生活中如何节约资源就成为建设"两型社会"的关键。如果将社会的生产和生活过程看作一个线性的流程，那么以往人们的行为往往是向这个流程的源头投入资源，在流程的结尾将废物丢弃。然而，作为固体废物而言，它不过是放错了位置的资源，所以，在循环经济

---

① 刘向阳、吴金明：《"两型社会"建设视野下的再制造与循环经济发展模式探析》，《湖南社会科学》2011年第4期。

② 李碧云：《社会进步视野中的"两型社会"》，《湘潭大学学报》（哲学社会科学版）2010年第3期。

理念之下，固体废物应当重新被利用，发掘其中有用的价值，从而达到源头减少资源投入的目的。这就成为资源节约型社会必不可少的保障之一。

所以说，固体废物的资源化是建设资源节约型社会必须重点考虑的问题之一。而资源节约与环境友好之间存在的相辅相成、相互补充的关系就注定了固体废物资源化的过程是环境友好的。因为，固体废物的资源化并不是仅仅只从末端开始，而是从生产或生活过程的开端就考虑固体废物产生后如何能够回收利用。这样就要求环境友好的设计和生产理念自始至终贯穿整个固体废物管理的全过程。"两型社会"建设中，离不开固体废物资源化的发展，而固体废物资源化的过程，给建设"两型社会"增加了可行性。

五　生态文明：固体废物资源化的绿色发展理念

2007 年，党的十七大报告中首次明确提出，要建设"生态文明"。2017 年，习近平总书记在《决胜全面建成小康社会夺取新时代中国特色社会主义伟大胜利——在中国共产党第十九次全国代表大会上的报告》中强调"大力度推进生态文明建设""形成绿色发展方式和生活方式，坚定走生产发展、生活富裕、生态良好的文明发展道路，建设美丽中国，为人民创造良好的生产生活环境，为全球生态安全做出贡献"。生态文明已经成为中国未来经济建设、政治建设、文化建设、社会建设、生态文明建设"五位一体"当中的重要一环。

（一）生态文明的概念与绿色发展理念

生态文明是一个高度浓缩且具有多种语义的概念，其基本形态存在多重维度。有学者将生态文明理解为一种理念，如认为："经过改革开放，中国虽然基本建立了社会主义市场经济体制，但这个体制没有体现生态文明理念和原则，因此，建立符合生态文明理念和原则的新制度，其核心是必须正确认识和处理好环境保护与经济发展的关系。"[1] 同时，该学者还认为："文明作为人类文化发展的成果，是人

---

[1]　吕忠梅：《论生态文明建设的综合决策法律机制》，《中国法学》2014 年第 3 期。

类改造世界的物质和精神成果的总和，是人类社会的整体进步状态，包括文明的理念、文明的制度、文明的运行三个部分。"① 生态文明的概念就是用来指代工业文明之后的一种新的文明形态，它所体现的是一种物质文明和精神文明上的进步状态。这种进步状态是以人与人，前人与后人，以及人与自然（或者生态系统），人与社会经济之间的和谐共生、平衡发展为目标的，它追求经济有效、社会公正和生态良好的良性发展。②

300 年的工业文明以人类征服自然为主要特征，世界工业化的发展使征服自然的文化达到极致，一系列全球性的生态危机说明地球再也没有能力支持工业文明的继续发展，需要开创一个新的文明形态来延续人类的生存，这就是"生态文明"，如果说农业文明是"黄色文明"，工业文明是"黑色文明"，那生态文明就是"绿色文明"③。绿色文明与绿色发展息息相关。联合国计划开发署在 2002 年发表的一个文件中第一次提出来的，这个文件首次提出中国应当选择绿色发展之路。中国的"十二五"规划里已经提出了绿色发展，在"十三五"规划里又提到了。长期以来，绿色发展无非指环保、低碳的发展。环保——有利于保护生态环境——就是绿色。④ 绿色发展就指有利于环境保护，有利于维持生态健康的发展。绿色发展是以效率、和谐、持续为目标的经济增长和社会发展方式，其不仅包括经济增长方式的转变，还要将其切实融入政治、文化、社会建设的诸多方面。推进绿色发展，要建立绿色低碳循环发展的经济体系，要推进资源全面节约和循环利用，要倡导绿色低碳的生活方式。⑤ 所以，建设生态文明成为指导中国固体废物资源化绿色发展的重要思想和目标：通过建设生态

---

① 吕忠梅：《中国生态法治建设的路线图》，《中国社会科学》2013 年第 5 期。

② 宋林飞：《生态文明理论与实践》，《南京社会科学》2007 年第 12 期。

③ 李鸣：《绿色科技：生态文明建设的技术支撑》，《前沿》2010 年第 19 期。

④ 卢风：《绿色发展与生态文明建设的关键和根本》，《中国地质大学学报》（社会科学版）2017 年第 1 期。

⑤ 赵建军、杨永浦：《新时代我国生态文明建设的内涵解析》，《环境保护》2017 年第 22 期。

文明，促进资源充分循环，将固体废物资源化上升到国家战略高度，推动资源产出率、资源循环利用率等作为重要战略性量化指标。构建绿色消费模式，促进"城市矿山"开发，推动生态农业生产模式，促进乡村废物资源化，加快工业发展绿色转型，提高资源利用效率。[①]在"五位一体"的总体布局下，生态文明建设是我国践行绿色发展理念的实践抓手，其核心是推进人与自然和谐相处，强调尊重自然、顺应自然、保护自然。这一点发达国家和联合国都没有提出，他们主要强调绿色建筑、绿色交通、废弃物资源化等若干个特定领域。然而，中国仍处于快速的工业化、城镇化进程之中，推进绿色发展面临的任务更加繁重、复杂，基于这一基本国情，只有以人与自然和谐的理念为引领，并通过系统、完整的制度体系将其贯彻到经济社会发展的全过程、各方面，才能够实现绿色发展。[②]

（二）生态文明建设与固体废物资源化

建设生态文明的过程中，学者们提出建设"无废社会"的概念。建设"无废社会"是建设生态文明和美丽中国不可或缺的要素。固体废物中的有毒有害成分复杂，若处置不当，会对周边水体、大气和土壤造成污染，排放温室气体，引发雾霾，带来环境健康风险。因此，建设"无废社会"可减轻原生资源开采利用和固体废物处理不当带来的生态环境破坏，从源头消除对人居环境的影响，促进生态宜居的美丽中国建设。[③]所以，所谓"无废社会"即是打造资源循环利用的社会，通过合理地开发、利用和排放，将经济活动中人为活动力度控制在自然资源承载限度以内，保证资源的开发利用和废物排放能够最小化。生态文明作为一个复合型概念，在内容上包含丰富的构成，既有

---

① "生态文明建设果敢战略问题研究（二期）"综合组：《生态文明建设若干战略问题研究》，《中国工程科学》2017年第4期。

② 朱坦、高帅：《关于我国生态文明建设中绿色发展、循环发展、低碳发展的几点认识》，《环境保护》2017年第8期。

③ 金振娅：《加强固体废物和垃圾处置——中国工程院院士杜祥琬谈"无废社会"建设》，《光明日报》2017年11月12日第6版。

物质性的内容，又有精神性的内容，还有制度性的内容。① 生态文明建设离不开与固体废物资源化相关的法律制度的建设，如清洁生产、生态技术创新、循环经济、绿色消费等。

2017 年《关于加快推进生态文明建设的意见》指出，"到 2020 年，资源节约型和环境友好型社会取得重大进展""生态文明主流价值观在全社会得到推行，生态文明建设水平与全民建成小康社会目标相适应"。为了实现这一重大目标，就必须"发展循环经济，按照减量化、再利用、资源化的原则，加快建立循环型工业、农业、服务业体系，提高全社会资源产出率。完善再生资源回收体系，实现垃圾分类回收，开发利用'城市矿产'，推进秸秆等农林废物以及建筑垃圾、餐厨废物资源化利用，发展再制造和再生利用产品，鼓励发置业、汽车轮胎等废旧物品回收利用。推进煤矸石、矿渣等大宗固体废物综合利用。组织开展循环经济示范行动，大力推广循环经济典型模式。推进产业循环式组合，促进生产和生活系统的循环链接，构建覆盖全社会的资源循环利用体系"。

---

① 乔刚：《生态文明视野下的循环经济立法研究》，博士学位论文，西南政法大学，2010 年。

第二章

中国固体废物资源化政策
与法律之现状分析

第一节　中国固体废物资源化的公共政策概述

政策是指国家机关、政党及其他政治团体在特定时期内为实现或服务于一定社会政治、文化目标所采取的政治行为或规定的行为准则，它是一系列谋略、法令、措施、办法、方法、条例的总称。[①] 公共政策的作用在于解决社会发展中的重大问题，是进行社会管理的重要手段。它是基于多种利益关系有选择地对全社会进行利益分配，通过此种综合各种利益矛盾后的利益分配，达到社会治理的目的。所以，在我们对固体废物资源化政策分析之前，我们有必要搞清楚，目前政策的分类及其不同的内容。

一　社会政策

社会政策是一个国家的政府为实现其特定的发展战略，在处理各种社会问题、促进各项社会事业发展方面所采取的基本原则和措施。[②] 社会政策是国家公共政策的一部分，主要针对社会问题所制定。它主要的目的在于提高国民福利，满足国民需求。同时，社会政策也被用来指那些治理人们行为的规范。广义上的社会政策包括国民福利、社会安全、失业保障、环境保护、医疗体系、儿童保护等。所以，固体

---

①　陈振明：《政策科学——公共政策分析引论》，中国人民大学出版社 2003 年版，第 50 页。

②　姜晓星：《论我国社会政策的传统模式及其转变》，《社会学研究》1992 年第 1 期。

废物资源化政策首先是一种社会政策。

中国的社会政策是在特定的社会历史条件下形成发展起来的。从新中国成立到 1978 年以前的近 30 年间，中国政府不仅逐步建立起了一个包括人口、教育、就业、收入分配、福利与社会保障在内的相当完整的社会政策体系，而且在社会政策的目标制定和手段选择上也形成了相当稳定的决策模式。但是，在特殊的历史条件下，中国的社会政策并没有被政府均衡地加以实施。事实上，中国的社会政策是以城市、中央部门、大中型企事业单位为中心展开的。而在政策的实施手段上，政府主要是依靠高度中央集权的行政管理体制去逐级分类地落实各项政策目标，实现对社会生活的军事化管理。

1978 年改革开放以后，中国的社会政策有了一定程度上的变化。主要体现在以下几方面。①

（1）社会政策的目标取向上转变为以是否有利于生产力发展为依据，重新构建生活保障、收入分配与社会稳定等传统目标追求。

（2）社会政策的目标数量上变得更合理。以往政府必须全包全揽的事务，其中的一部分已经进行了市场化，以调动更多的社会资源来解决社会共同的问题，而不是由政府单独包揽社会中所有问题的解决。

（3）社会政策目标水平上得到了较大的提高。随着社会和经济的不断发展，政策的制定者将政策的目标做了调整，变得更适合社会发展的需要。

（4）社会政策的目标偏好从国有企业、城市、大中型企业上转向全社会。城乡二元结构得到调整，农村也被纳入社会政策的视野中来了。

（5）随着市场经济发展的深入，社会管理体制方面也发生了一定的变化，企业获得了更多的自主经营权，一些社会事务转向了市场化的解决方式。

（6）政策干预手段变得更多元化。以往的军事化管理向着经济政

---

① 王耀东：《中国迈向社会政策时代》，《政治与法律》2011 年第 2 期。

策与社会政策配合实施的模式转变。在社会事务管理中利用了更多的经济政策工具。

目前的中国社会政策，已经提出了从"效率优先、兼顾公平"向"权利公平、机会公平、规则公平、分配公平"的包容性增长方式转变。包容性增长，也叫共享性增长。最初由亚洲开发银行在 2007 年提出。其含义是经济与社会发展更加协调、就业更加充分、劳动关系更加和谐、社会分配更加合理。

二　经济政策

经济政策是政府在经济领域内所采取的各种方法、手段、措施的总称。它通过对利率、政府预算、劳动力市场、贸易、投资等领域施加系统性影响，从而影响经济的发展。有关经济政策的研究主要起源于 19 世纪所谓的"干涉主义时代"，德国历史学派最早提出应该把经济政策作为科学的研究对象。一般认为，他们所提出的有关经济政策的观点是现代经济政策学说的理论渊源。[①] 在现代，经济政策成为社会经济发展中非常重要的一个部分。经济发展是政府经济政策行为作用的直接结果。用美国当代政治学家加布里埃尔·阿尔蒙德的话说，"分配是政治和公共政策的主要结果之一，也是关系到整治稳定和冲突的主要条件之一"[②]。正处于现代化进程中的国家在经济政策中，常常会遇到分配的困境——效率与公平，如果在政府经济政策行为中不能正确处理好这两者的关系，就会威胁到政治的稳定。因此，经济政策所包含的主要内容如下。[③]

首先，经济政策的出发点是社会中的经济问题，社会经济问题是社会经济利益关系发生矛盾的表现。当社会经济利益关系被扭曲，甚至产生深刻的矛盾时，经济问题就产生了，这时就需要政府制定强有力的经济政策来调控社会经济利益关系。因此，经济政策就应运而

---

① 周炼石、张祖国：《经济政策学》，重庆出版社 1991 年版，第 32 页。

② ［美］加布里埃尔·A. 阿尔蒙德：《比较政治学：体系、过程和政策》，曹沛霖等译，上海译文出版社 1987 年版，第 378 页。

③ 胡象明：《经济政策与公共秩序》，湖北人民出版社 2002 年版，第 64 页。

生，并且，政府的经济政策也总是与社会经济利益关系相关联。

其次，经济政策行为的直接目标是经济目标。经济学家从"市场失灵"的角度来论证政府经济政策行为的必要性。由于在市场经济条件下存在着不完全竞争、外部效果和公共物品，因此市场失灵会导致生产和消费的无效率，从而存在着政府"治疗"这些"疾病"的职能。政府的第一个目标是效率，之后是公平与稳定等目标。

最后，经济政策主要靠经济政策工具来实现。经济政策工具是实现经济政策目标所使用的具体政策措施，具体经济政策工具有很多种类，大致可以分为财政政策工具、金融政策工具、直接控制与制度约束。这些经济政策工具包括了经济手段、行政手段和法律手段。

就经济政策的内容而言，经济政策既是一种经济行为，也是一种政治行为，是政府公权力作用于经济问题层面的结果。但作为一种政府的经济行为，经济政策的价值取向必然是社会经济利益的最大化。这种价值取向是政府经济政策行为的一种最直接、最基本的价值取向。

三　技术政策

技术政策是政府对某一领域技术和经济发展进行宏观指导的政策性规定，旨在通过技术进步推动经济发展。但是，又不仅仅局限于技术发展本身，因为，技术广泛渗透到生产力的三要素——劳动力、劳动对象和劳动工具之中，它与经济和社会发展之间，存在着极为密切的关系。技术开发的最终目的，是推动经济的发展。而且，一项技术从开发之始，直到其工业化、实用化和商品化的全过程，处处与生产活动交融在一起。因此，脱离生产活动和经济发展，孤立地去追求技术的发展，或者脱离技术进步，孤立地考虑经济的发展，都难以取得好的效果。因此，必须将技术、经济和社会三位一体地综合考虑。[①]技术政策所包含的内容如下。

---

① 刘小成：《技术政策——新的历史时期的重要政策》，《中国科技论坛》1985 年第1 期。

（1）从规范、范围来看，宏观的技术政策指的是对整个国家的科学技术与自然、经济和社会发展进行综合研究所制定的总体性的重大技术政策。如国家在农业、能源、交通运输、采用新型技术、发展新型工业等方面所研究、制定的技术政策；微观的技术政策指的是对某些地区、部门以及某些项目所制定的局部性质的技术政策。

（2）从领域方面来看，为发展社会生产力，要通过生产力三要素（劳动者、劳动手段和劳动对象）不断吸取科学技术成就来实现，这里就会出现许多技术政策问题。如两大部类（生产资料生产和消费资料生产）、三大产业（农业、工业和服务业）、三个环节（生产、流通、消费）、两大资源（自然资源和社会资源）等，在处理它们与科学技术的关系时，都会出现许多技术政策问题。

（3）从项目来看，有单项的技术政策，如土壤修复、节能减排等方面的技术政策；有综合的技术政策，如技术结构、生态平衡等方面的技术政策。但是，单项技术政策与综合技术政策之间也是相对的，在不同层次和范围内，它们是可以互相转化的。

四　环境政策

讨论环境政策之前，有必要说明一点，环境政策并不是与前三种公共政策并列的一种分类。只是本书中所涉及的中国固体废物资源化政策一般被认为是环境政策的一种，所以要专门列举出来进行分析。环境政策是国家为保护环境所采取的一系列控制、管理、调节措施的总和。它代表了一定时期内国家权力系统或决策者在环境保护方面的意志、取向和能力。环境政策代表了国家管理环境事务的方式，它同其他领域的政策一样，成为人们理解国家整体政策的一个侧面。[①] 但是，环境政策并不能成为与前述的社会政策、经济政策和技术政策相并列的公共政策分类。因为环境政策中包含了以上三种政策的调控手段，它是社会、经济与技术调控手段叠加而成，用以实现政策目标的

---

① 夏光：《环境政策创新：环境政策的经济分析》，中国环境科学出版社 2001 年版，第 55 页。

一种综合管理的政策。所以它具有以下几方面性质。

首先，环境政策体系内部以及环境政策与经济政策、社会政策和技术政策之间存在着多元交叉与渗透的现象。环境政策并不是一种独立存在的政策形式，而是公共政策在环境保护领域内的体现。环境保护的综合性决定了环境政策本身也是一个综合的政策体系。

其次，环境政策包括国家环境保护总体方针、基本原则、具体措施、权益界限、奖惩规则等，其具体表现形式有号召、决定、法律、法规、制度、守约等，既有强制性的，也有非强制性的。[1]

再次，可持续发展既是环境政策的政策目标，也是环境政策的核心价值。人与自然的和谐发展，以及资源环境的永续发展，这些观念随着环境政策的实施正在逐渐地深入人心。而环境政策的制定与实施正是围绕着这个可持续发展的理念而进行的。所以，可持续发展是环境政策的灵魂。

最后，从纵向划分，环境政策可以分为总政策、各个部分或领域的基本政策、各个部分或领域的具体政策，并由这三大层次的政策构成环境政策体系的整体；若横向划分，环境政策可分为环境经济政策、环境保护技术政策和环境社会政策等。[2]

第二节　中国固体废物资源化政策与法律的目标和价值定位

法律与公共政策不是截然分开的两个事物。公共政策的概念有狭义和广义之分。狭义的公共政策仅指与制定法相对的由政府颁布的各种原则、方针、措施等的总和；而广义上的公共政策则包含法律制度在内。就广义的概念而言，法律制度的设计是实现公共政策目标的主要措施。在环境保护领域内更是如此。将环境政策上升为法律，以法

---

① 夏光：《环境政策创新：环境政策的经济分析》，中国环境科学出版社2001年版，第56页。

② 李康：《环境政策学》，清华大学出版社2000年版，第49页。

律的形式调整固体废物以及其他污染物的削减防治行为，可以充分发挥政策的导向作用。[①] 在中国，环境保护的公共政策与法律一直处于并行的状态，环境法律规范中也还存在着很多政策宣示性的法律条文。所以，本书在使用"政策""政策与法律""法律"等词语时，都是将其置于广义的"政策"概念之下的。

中国固体废物资源化的公共政策不是一夜之间就冒出来的，而是伴随着中国环境保护战略和环境政策的发展而形成的一个子政策体系。在研究中国固体废物资源化政策与法律时，政策的目标与价值定位是最基本的评价指标。

一　中国固体废物资源化政策与法律的目标

毫无疑问，中国环境保护的总体目标就是"保护环境、造福人民"。这是 1973 年《关于保护和改善环境的若干规定（试行草案）》中所提的三十二字方针中最后八个字，也指出了从 1973 年第一次全国环境保护会议之后所确立的环境保护政策目标，那就是通过保护环境，实现人民福祉的提高。在随后 1979 年《环境保护法（试行）》与 1989 年《环境保护法》中以不同的方式重新表述了保护人体健康、平衡人与自然的关系、促进经济发展，最终实现可持续发展的这个目标。然而，可持续发展作为一项终极目标，是以环境保护战略目标的形式出现在公众视野之中的，而在环境政策中，政策目标则应当变得更为具体、可行。正如有人指出，当下中国的环境政策目标与中国的现实国情存在着相当的差距。中国的环境政策目标显得过于理想化和抽象，而中国现实的社会、经济和环境情况则显得过于严酷。政策实施的手段也因过高的政策目标导致其变得缺乏可操作性。[②] 所以，在这样的背景之下，中国固体废物管理政策和法律的目标，也具有相同的特征。也就是说，目标往往定得过高，实践过程中却又缺乏必要的

---

① 胡晓辉、郑志森：《从〈固体废物污染环境防治法〉看我国环境经济政策的法律化进程》，《科技与法律》1996 年第 1 期。

② 朱长虹：《中国环境政策的目标与现实差距》，《数量经济技术经济研究》2000 年第 11 期。

手段。

中国固体废物管理政策具有三大目标：一是减少最终的固体废物的排放量；二是防止固体废物对环境造成污染；三是使固体废物得到综合利用，充分转化为新的资源。这三大政策目标与环境保护的战略目标之可持续发展之间存在一定的耦合关系。2004 年修订的《固体废物污染环境防治法》中以立法目的的形式重述了环境保护战略的目标——可持续发展。战略目标的定位和分解，是战略目标向政策目标延伸的首要条件，也是政策目标与战略目标进行耦合的前提。如果经济发展战略目标定位不当，而与之相关的产业结构调整和技术进步的发展目标又不到位的话，那么在以往的经济增长速度及其扩张规模已经对资源环境造成很大压力的情况下，经济的高速增长和国民生产总值持续大幅度扩张的计划目标将会加剧对资源环境的压力，并与控制环境污染和相应的环境政策目标发生冲突，因而不仅会给经济发展战略目标向环境政策的延伸造成实质性麻烦，而且，也会导致几乎无法实现环境保护目标、环境政策目标与经济发展目标及有关经济政策的协调统一。① 所以，中国的固体废物资源化政策虽然只是中国环境政策中的一小部分，却是与整体的环境政策和经济发展战略保持协调的，也就是说，实现固体废物资源化的这个政策目标也是实现可持续发展战略目标的一个过程。政策的实现过程也就是政策的分解过程，是从"战略—总体政策—基本政策—具体政策—法律"的演变过程，即将多个层面的总政策分解为多目标、多角度的基本政策和由基本政策进一步延伸的多种类型的分别具有诱导、约束、协调功能的具体政策。

二　中国固体废物资源化政策与法律的价值定位

中国的固体废物资源化政策从新中国成立以来就一直在不断发展完善中，但是相关法律的发展却显得滞后，这就形成了政策目标很高，但现实实施手段却很少的局面。可以说，造成这种局面的存在，

---

① 李康：《环境政策学》，清华大学出版社 2000 年版，第 64 页。

与中国固体废物资源化政策与法律的价值定位不无关系。一般来说，政策的价值定位，是政策存在合理性的核心要素。政策的价值定位是政策在对政策目标进行认识、选择和实现时所表现出来的一种价值倾向和行为取向，它是连接政策价值目标和政策工具之间的中间环节。政策的价值定位往往受到社会、经济和科技发展的影响。中国的固体废物资源化政策和法律的价值定位就经历了一个从扩大经济效益的实用主义一元价值观转向保护生态并促进经济发展的多元价值观的转变。

中国的固体废物资源化政策产生伊始，是为了解决中国经济发展落后，生产效率低下的问题而提出的。其核心思想在于"物尽其用"，也就是说，以最低的成本获得最高的效益的生产方式，是当时固体废物资源化政策的出发点。这种政策的价值定位与新中国成立后，中国很长一段时期经济发展滞后的社会背景息息相关。这种实用主义的一元价值定位一直持续到近些年对《固体废物污染环境防治法》修订之后，才有转变。在1995年出台的第一部《固体废物污染环境防治法》之前，经历了近10年的起草过程，从材料中可以发现，原本是打算制定一部《固体废物管理法》，其中既包含固体废物污染环境的防治，也包括固体废物资源化的部分，然而，最终出台后变成一部仅仅是污染防治的法律。固体废物资源化依旧停留在政策目标的层面，没能从目标转化为实际操作的法律规则。

2005年新修订的《固体废物污染环境防治法》颁布后，中国的固体废物资源化政策和法律的价值定位也随着立法目的表述的改变而体现出新变化。新法的立法目的从促进社会主义现代化的发展改为促进经济社会的可持续发展。这一表述的变化，说明中国的固体废物管理政策整体思想有了重要的变化，所以固体废物资源化的政策也随之而变。这要归结于20多年的可持续发展理念的推广，使得环境保护与经济发展相协调的观念深入政策制定者之心。所以，以往通过固体废物资源化来保障经济快速发展的政策价值定位，现在还要加上保护自然环境和生态系统的稳定这一价值，所以，新时期的中国固体废物资源化政策的价值定位体现的是多元化的价值观。

第三节　中国固体废物资源化重点政策与法律制度的历史沿革

　　针对固体废物资源化的政策与法律和实践并不匹配，特别是在中华人民共和国成立的早期阶段，相关的政策与法律几乎是空白。随着经济发展的复苏与对环境问题的日益重视，固体废物资源化的政策与法律才真正地发展起来。国家通过发布大量的社会、经济、技术和环境政策的方式，来引导企业与社会开展固体废物资源化的活动。伴随着社会的发展，固体废物资源化的法律框架也开始逐渐成形，除《环境保护法》和《固体废物污染环境防治法》以外，还有《清洁生产促进法》和《循环经济促进法》的相关规定进行补充，再加上国务院和各部委发布的法规、规章以及地方法规和地方规章，这些法律规范构筑起了我们今天的固体废物资源化法律规则体系。表2-1展示了新中国成立以来固体废物资源化相关规范性法律文件颁布的历史沿革，其中包含了许多重要的固体废物资源化的政策与法律制度。

表 2-1　　　中国固体废物资源化政策和法律的演进一览

规范性法律文件名称	颁布部门	实施年度	主要内容概要
关于加强对废物品收购和利用工作的指示	国务院	1958	为了加强对废物品的收购和利用，通过宣传提高群众意识，发动和依靠群众力量，重点在城镇，以及就地收购、就地加工
关于保护和改善环境的若干规定	国务院	1973	新中国成立后第一次关于环境保护的综合性的法律文件
关于治理工业"三废"开展综合利用的几项规定	国家计委、国家建委、财政部和国务院环境保护领导小组	1977	针对综合利用项目的财政优惠和经济支持
关于工矿企业治理"三废"污染开展综合利用产品利润提留办法的通知	财政部、国务院环境保护领导小组	1979	工矿企业开展综合利用的产品的定义

续表

规范性法律文件名称	颁布部门	实施年度	主要内容概要
关于对现有企业有重点、有步骤地进行技术改造的决定	国务院	1982	提出要制定废旧设备的处理办法
关于结合技术改造防治工业污染的几项规定	国务院	1983	各工业企业要紧密结合技术改造，开展工业废物的综合利用
关于开展资源综合利用若干问题的暂行规定的通知	国务院	1985	国家鼓励企业积极开展资源综合利用，对综合利用资源的生产和建设，实行优惠政策
污染源治理专项基金有偿使用暂行办法	国务院	1988	"三废"综合利用项目是基金的使用范围之一
城市环境综合整治定量考核实施办法	国务院环境保护委员会	1988	工业固体废物综合利用率、工业固体废物处理处置是其中的两项指标
关于加强有色金属管理的决定	国务院	1989	加强废旧有色金属的回收和再生利用工作
关于积极发展环境保护产业的若干意见	国务院	1990	明确了包括固体废物处理处置设备、废物资源综合利用设备等当前亟须发展的环境保护产业和产品
关于加强再生资源回收利用管理工作的通知	国务院	1991	对国内紧缺的废金属，要严格执行国务院有关部门关于废钢铁和废有色金属出口的规定，未经批准，严禁擅自出口
关于解决我国城市生活垃圾问题几点意见的通知	国务院	1992	大力开展城市垃圾的回收综合利用，提高回收利用率
固体废物污染环境防治法	全国人大常委会	1995	固体废物污染防治的主要法律依据
关于进一步开展资源综合利用的意见	国务院	1996	严格管理，搞好废旧物资的回收和再生利用
电力工业环境保护管理办法	电力工业部	1996	企业必须安排污染防治资金，开展综合利用所得的税后收益继续用于综合利用
关于加强报废汽车回收工作管理的通知	国家经贸委	1996	实行报废汽车回收拆解企业的资格认证制度
煤矸石综合利用管理办法	国家经贸委、煤炭部	1998	明确煤矸石综合利用的内容、原则和管理
报废汽车回收管理办法	国务院	2001	规定了报废汽车回收企业资质
清洁生产促进法	全国人大常委会	2002	在中国推行清洁生产的法律依据

续表

规范性法律文件名称	颁布部门	实施年度	主要内容概要
秸秆禁烧和综合利用管理办法	国家环境保护总局	2003	规定了秸秆综合利用率的目标
固体废物污染环境防治法（修订）	全国人大常委会	2004	完善和增加了固体废物污染环境防治的法律规范
汽车产品回收利用技术政策	国家发展改革委、科技部、环境保护总局	2006	推动建立汽车产品报废回收制度
再生资源回收管理办法	商务部	2007	再生资源企业的运营和监督的规定
城市生活垃圾管理办法	建设部	2007	提出非强制性的城市生活垃圾分类要求
关于限制生产销售使用塑料袋的通知	国务院办公厅	2007	提高废塑料的回收利用水平
循环经济促进法	全国人大常委会	2008	在中国促进循环经济体系的建设
秸秆能源化利用补助资金管理暂行办法	财政部	2008	秸秆能源化利用补助资金的使用和管理
关于资源综合利用及其他产品增值税政策的通知	财政部、国家税务总局	2008	调整和完善部分资源综合利用产品的增值税政策
废弃电器电子产品回收处理管理条例	国务院	2009	规范废弃电器电子产品的回收处理活动，包括建立废弃电器电子产品多渠道回收和集中处理制度、废弃电器电子产品处理基金，明确相关方责任等
中国资源综合利用技术政策大纲	国家发展改革委、科技部、工业和信息化部、住房城乡建设部、商务部	2010	加快资源综合利用技术开发、示范和推广应用，引导社会资金投向，为相关单位开展资源综合利用工作提供技术支持
废旧轮胎综合利用指导意见	工信部	2010	提出废旧轮胎回收利用的发展目标、重点任务和政策措施
大宗工业固体废物综合利用"十二五"规划	工信部	2011	确定"十二五"期间大宗工业固体废物的回收率目标
清洁生产促进法（修订）	全国人大常委会	2012	修改了部分清洁生产的法律规范，删除了强制回收目录制度的内容
关于加强公共机构废旧商品回收利用工作的通知	国务院机关事务管理局、商务部	2012	强化国家机关、事业单位、团体组织等公共机构在运行过程中产生的废旧商品的回收利用工作

续表

规范性法律 文件名称	颁布部门	实施 年度	主要内容概要
建立完整的先进的废旧商品回收体系重点工作部门分工方案	国务院办公厅	2012	明确了废旧商品回收、分拣、利用等活动中的各监管部门的职能
2015 年循环经济推进计划	国家发展改革委	2015	深化循环型工业体系建设，推进循环型农业体系建设和循环型服务业体系建设，推行绿色生活方式，推动社会层面循环经济发展
关于促进绿色消费的指导意见	国家发展改革委、中宣部、科技部、财政部、环境保护部、住房城乡建设部、商务部、质检总局、旅游局、国管局	2016	开展全面绿色消费教育，在全社会形成绿色消费理念，引导居民践行绿色生活方式和消费模式
关于推进资源循环利用基地建设的指导意见	国家发展改革委	2017	推进建立固体废物资源化基地建设，与城市生活垃圾清运和再生资源回收系统对接

我们可以把新中国成立以来固体废物资源化的发展分为三个时期：从新中国成立以来到第一部《固体废物污染环境防治法》起草研究之前属于中国固体废物资源化法律和政策的萌芽时期；从 1985 年着手起草《固体废物污染环境防治法》到 1995 年正式颁布以及从 1995 年到 2004 年新修订的《固体废物污染环境防治法》颁布这 10 年的实施期间属于草创期；2005 年以后，中国的固体废物资源化政策与法律开始进入真正的发展期。

一　萌芽时期（1949—1984 年）

在 1949 年之后，由于长期的战乱，中国经济亟待恢复。在那个时代，集中力量恢复国力成为重要的指导思想。由于当时经济积弱不振，加上一些急于发展的指导思想。所以当时资源的浪费现象比较严重。但是，从 20 世纪 50 年代开始到 80 年代中期，中共中央的一些政策文件中，也还是提及了"综合利用"资源。

（一）"综合利用"的政策宣示

"综合利用"，顾名思义，是指通过回收、加工、循环使用、再利用等方式，从固体废物中提取或使固体废物转化为可以利用的资源、能源和其他原材料的活动。[①] 也就是说，通过回收生产和生活过程中所产生的固体废物，作为生产原料投入另一个不同的生产过程之中并生产出新的产品，以减少需要被最终处置的固体废物量，并且可以节约生产所需的自然资源。无论在什么时候，对资源的充分利用对于发展经济与保护环境都有着重要的作用。贯穿 1950—1970 年这一时期的主要是关于资源"综合利用"的政策，主要是"增产节约"运动。1970 年发布的《中共中央关于开展增产节约运动的指示》里，提及"综合利用大有文章可作"。不过这 20 年的"增产节约运动"，着眼点在于节约，在固体废物资源化的问题上，并没有起到什么实质性的作用。1970 年以前中央关于固体废物资源化的政策，只是点到为止。况且，在没有法治保障的年代，仅有的些许固体废物资源化政策也都是流于口号，没有具体的政策措施作为保障。

1973 年第一次全国环境保护会议，是第一次全国性环境保护会议，也是在 1972 年斯德哥尔摩人类环境大会之后，环境保护意识在中国被重视的体现。会议将"全面规划，合理布局，综合利用，化害为利，依靠群众，大家动手，保护环境，造福人民"确定为我国的第一个环境保护工作方针。这一方针在 1979 年颁布实施的《环境保护法（试行）》中得到了确认。"综合利用"这一政策自此开始获得法律的保障。在 1973 年发布的《关于保护和改善环境的若干规定（试行草案）》中，综合利用不仅仅被单独作为一个专门的主题被重点叙述，在涉及老城市环境改善问题和环境保护资金、设备等问题上，都提到了废物综合利用的问题。也就是说，"综合利用"这一固体废物资源化工作中最重要的政策指导思想，自始至终贯穿于中国的环境保护工作过程之中。总之，在新中国成立早期，能够提出资源的"综合利用"（其中也包括了固体废物的综合利用），对于指导后来的经济发展有着重要的政策宣示意义。但是，一方面受制于当时的社会和政治

---

① 陈明义、李启家：《固体废弃物的法律控制》，陕西人民出版社 1991 年版，第 255 页。

环境；另一方面受制于科技发展与理念落后等制约因素，综合利用的政策虽然已经提出，但是配套的政策措施，或政策工具却不能与该政策的目的相适应。

（二）经济政策的雏形

从新中国成立初期到 20 世纪 80 年代中期，中国的经济以计划经济为特征，社会经济发展处于政府严格的管控之下。因此，也决定了这一时期的经济政策主要是指经济优惠政策，因为企业无法通过市场自由竞争中的其他经济诱因来获得。

1973 年，在第一次全国环境保护会议上通过的《关于保护和改善环境的若干规定（试行草案）》当中，提及对于某些综合利用的产品，国家应当在税收和价格政策上给予适当照顾。并且，对于老企业的综合利用措施，要优先安排。

1977 年国家计委、国家建委、财政部、国务院环境保护领导小组制定的《关于治理工业"三废"开展综合利用的几项规定》中，提出了税收优惠、资金支持和劳动力编制照顾等政策措施。1979 年财政部、国务院环境保护领导小组发布《关于工矿企业治理"三废"污染开展综合利用产品利润提留办法的通知》，里面对工矿企业开展综合利用的产品给出了定义，明确了废物利用所生产出来的产品的范围，有利于相关政策和措施的落实，主要是对相关利润的提留给予优惠政策，以提供足够的经济诱因，使得工矿企业主动开展废物资源化的活动。该文件当中首次出现以经济诱因的方式促进废物回收利用的政策，这就意味着，废物资源化的政策已经从最初的行政控制手段，开始走向行政控制与经济诱因的双重手段阶段。1982 年国务院发布的《关于对现有企业有重点、有步骤地进行技术改造的决定》中提及，要通过制定合理的废钢价格和提供运费负担等方法，使得被淘汰废旧设备能够回炉重新炼钢。

从 1973 年以来，国家开始重视环境保护问题，并且意识到固体废物资源化的同时，也可以减少固体废物排放并减少固体废物对环境的污染。而且，在 20 世纪 70 年代末 80 年代初，我国的经济开始萌动，进入改革开放的时代。这样的社会政策大背景之下，才有可能为提出经济优惠政策提供必要的合法性来源。这一时期的经济优惠政策工具主要包括：税收优惠、价格政策、费用负担和劳动力编制照顾等。

（三）科技鼓励政策的宣示

1982年城乡建设环境保护部颁布的《城市市容环境卫生管理条例（试行）》，在关于市容环境卫生管理机构的职责部分，提及"开展科学研究，逐步实现生活废物综合利用"的内容。不过，鉴于此政策属于首次出现，说明还停留在政策宣示的阶段，这一时期没有发现有相关的具体政策措施出台。从规范的内容上看，属于鼓励自主技术创新的层面。但是，更为经济地引进技术等措施还没有得到重视，这或许与那时刚改革开放的社会环境有关，对外的技术交往还没有达到必要的活跃程度，技术的引进还受到诸多的限制。

二　草创时期（1985—2004年）

这个时期，包括了两个"10年"，历时"10年"的立法期间与"10年"的实施期间，前后一共20年。1985年开始着手制定《固体废物管理法》，当年9月《固体废物管理法》起草小组筹备会议在北京召开。然而，一部《固体废物污染环境防治法》花了整整十年的时间才最终得以出台，并且，该法的名字也由最早的《固体废物管理法》转变为一部污染防治法，也就是说，在这十年的起草过程中，立法者最终的思路还是从综合管理，降格成为污染防治。不过，虽然立法上对固体废物资源化没有给予足够的重视，但中国的第一部《固体废物污染环境防治法》自1996年4月1日起开始生效，之后又历经将近十年的时间，直到2004年年底新的《固体废物污染环境防治法》颁布，这期间中国固体废物资源化的政策与法律在逐渐地发生着变化，新的政策的引入给固体废物资源化带来了一些新的理念。

（一）基金政策

1988年国务院发布《污染源治理专项基金有偿使用暂行办法》，其中明确地规定了该基金由地方环境保护部门设立，"三废"的综合利用项目可以向污染源治理专项基金申请贷款，以资助相关项目顺利开展。也就是说，如果企业在综合利用固体废物方面有好的项目，但又缺乏资金，可以从该专项基金中申请，获得一部分的资金支持。但是，该笔资金的贷款期限最高不超过三年，且为有偿贷款。

该政策的目的在于通过提供优惠的贷款，来促进废物综合利用项目的开展。基金政策的确立，说明国家意识到固体废物资源化是个需要受到鼓励的活动。另外，也需要为这类活动提供经济诱因，以促使其能快速发展。所以，通过污染源治理专项基金的贷款，可以帮助企业更好地完成固体废物综合利用项目的建设，从而解决它们"无钱"进行固体废物资源化的困难。就目前中国从事环境保护的活动来看，很多时候企业缺乏资金启动一项新的有利于环保的项目。而基金政策的颁布，则可以有效地缓解这种启动资金缺乏的问题。

（二）资源综合利用目录与税收优惠政策

1985 年 9 月，国务院批转了国家经贸委《关于开展资源综合利用若干问题的暂行规定》，明确了国家对资源综合利用实行鼓励和扶持政策，并正式公布了《资源综合利用目录》。对该目录中的资源综合利用产品给予税收减免优惠。也就是说，该目录与其他的经济政策相关联，而非单独实施，它作为税收优惠政策的依据而存在。

1996 年 8 月《国务院批转国家经贸委等部门关于进一步开展资源综合利用的意见的通知》，进一步明确了国家对资源综合利用实行鼓励和扶持政策。国家经贸委、国家计委、财政部、国家税务总局修订了《资源综合利用目录》作为税收优惠政策的依据。根据财政部、国家税务总局发布的《关于企业所得税若干优惠政策的通知》的规定，企业利用废水、废气、废渣等废物为主要原料进行生产的，可在五年内减征或者免征所得税。包括：（一）企业在原设计规定的产品以外，综合利用本企业生产过程中产生的，在《资源综合利用目录》内的资源作主要原料生产的产品的所得，自生产经营之日起，免征所得税五年。（二）企业利用本企业外的大宗煤矸石、炉渣、粉煤灰做主要原料，生产建材产品的所得，自生产经营之日起，免征所得税五年。（三）为处理利用其他企业废弃的，在《资源综合利用目录》内的资源而新办的企业，经主管税务机关批准后，可减征或者免征所得税一年。

通过税收优惠的政策，鼓励企业开展资源的综合利用活动，其中包括：企业所得税的优惠政策、部分资源综合利用产品的增值税优惠政策、对废旧物资回收经营企业的增值税优惠政策、固定资产投资方向调节税的优惠政策等。该项措施的主要目的是通过经济刺激手段，让更多的企业参与到固体废物资源化的活动中来，并能从中享受到收益，从而促使固体废物问题的解决和保护资源与环境。

（三）押金政策

在 1995 年颁布实施的《固体废物污染环境防治法》中特别规定了产品生产者、销售者和使用者应当按照国家有关规定对可以回收利用的产品包装物和容器等回收利用。押金制度就是鼓励和刺激产品包装物与容器回收利用的一项重要经济政策。作为一项经济政策，产品包装物和容器的押金制度规定主要体现在税收政策的相关规定当中，如：《国家税务总局关于印发〈增值税若干具体问题的规定〉的通知》在计税依据中规定，纳税人为销售货物而出租出借包装物收取的押金，单独记账核算的，不并入销售额征税。但对因逾期未收回包装物不再退还的押金，应按所包装货物的适用税率征收增值税。另外，如《国家税务总局关于加强增值税征收管理若干问题的通知》和《财政部、国家税务总局关于酒类产品包装物押金征税问题的通知》对商品包装物押金的税收方法做了进一步的明确规定。但是，对于促进固体废物资源化的作用而言，税收并不是主要的政策手段，而是靠经济利益的诱因促使人们返还包装物废物以使其进入再利用或回收利用的程序，而实现固体废物资源化，减少固体废物产生量的目的。

（四）综合回收利用率

1992 年的《关于解决我国城市生活垃圾问题几点意见的通知》第一次提出了到 2000 年大中城市要将生活垃圾的综合利用率控制在 40%。综合回收利用率既有事后的年度统计，也有事前提出的明确目标。事后的年度统计往往是一个城市在生活垃圾回收利用方面成果考核的依据，而事前预设的综合回收利用率则带有明显的命令控制式行政手段的色彩。作为行政管制手段中常用的一种方式，特别是在还有着计划经济色彩的中国，通过明确的目标来保障最终的行政结果，有利于责任的分摊与未来的考核。此后，综合回收利用率的目标就一直成为中国固体废物资源化政策中一项重要的政策手段而存在。2011 年国家发展和改革委员会公布的《"十二五"资源综合利用指导意见》和《大宗固体废物综合利用实施方案》中提到，到 2015 年，矿产资源总回收率与共伴生矿产综合利用率提高到 40% 和 45%；大宗固体综合利用率达到 50%，其中工业固体废物综合利用率达到 72%，农作物秸秆综合利用率力争超过 80%；主要再生资源回收利用率提高到 70%，其中再生铜、铝、铅占当年总产量的比例分别达到 40%、30% 和 70%。为我国"十二五"期间固体废物资源化提出了新的政策目标。

（五）垃圾分类回收政策

1989 年国务院颁布的《关于加强有色金属管理的决定》中开始涉及垃圾分类回收的利用。当然，该决定所针对的垃圾指的是废旧的有色金属，它规定要对废旧有色金属做好分类回收，以便分类送往技术先进、回收利用率高的企业进行回收利用。1992 年《城市市容和环境卫生管理条例》对城市生活垃圾正式提出了垃圾分类的要求（第 28 条），并要求开展城市生活垃圾的综合利用、回收利用废旧物资等。同年，国务院批转建设部、全国爱国运动委员会、国家环保局《关于解决我国城市生活垃圾问题几点意见的通知》，提出，要从沿海城市和旅游风景城市开始实行垃圾分类收集和无害化处理，并在其他城市逐步推广。1993 年建设部发布《城市生活垃圾管理办法》，也明确地规定了城市生活垃圾应当逐步实现分类收集。在城市生活垃圾实行分类收集的城市，垃圾应当分类、定点投放。该办法在 2007 年因修改而失效，新修改的《城市生活垃圾管理办法》中保留了该项规定的内容。

（六）收购网点设置政策

1995 年《固体废物污染环境防治法》第 38 条规定："……城市人民政府有关部门应当统筹规划，合理安排收购网点，促进废物的回收利用工作。"收购网点的设置无疑对促进固体废物资源化起着非常重要的作用。收购网点的设置完善了固体废物回收利用整个过程体系的构建。而且，完善的回收管道一方面可以给市民回收固体废物提供便利；另一方面，也可以使行政机关便于对固体废物的资源化过程进行管理。所以，2003 年，海南省三亚市颁布的《三亚市废旧物资回收市场管理办法》中对于固体废物收购网点设置就作出了明确的规范要求。对经营网点实行总量控制并且有资质的要求。通过规范收购网点及其市场经营活动，以达到既促进固体废物回收利用，又防治污染环境的目的。

三　发展时期（2005 年至今）

从 1995 年颁布《固体废物污染环境防治法》到 2004 年修订，其间 10 年中国的固体废物资源化政策一直在不断改进。从 2003 年开始，全国人大资源与环境委员会开始组织在全国范围内进行《固体废物污染环境防治法》的实施情况调查，并开启了新一轮的修改过程。到 2004 年 12 月新的《固体废物污染环境防治法》出台，标志着中国固体废物资源化的政策与法律发展进入一个新的时期。因为，在这一次的立法修改中，加入了大量的新观念。特别是受到循环经济思想的影响，一些与循环经济相关的立法理念被纳入法律规范当中。在新的《固体废物污染环境防治法》出台前后，两部新颁布的法律与固体废物资源化密切相关，一部是 2002 年的《清洁生产促进法》，另一部是 2008 年《循环经济促进法》。两部新法律的出台，标志着中国的固体废物资源化法律规范进入一个新的历史时期，我们可以将其视为发展时期的开始。这一时期，大量的新理念和新手段被逐渐地引入国内的固体废物资源化管理过程中。

（一）"3R" 原则

进入 21 世纪，固体废物管理方面的政策与法律最大的进步莫过于 "3R" 原则的引入。"3R" 原则指的是减量化（Reduce）、资源化（循环利用，Recycle）与再利用（Reuse）的简称。它是在修订 2004 年《固体废物污染环境防治法》过程中引入中国固体废物管理的一项法律原则。在 2008 年的《循环经济促进法》中，该法律原则得到了具体化。"3R"原则在政策与法律上的引入，无疑是固体废物资源化管理的一个重要里程碑，这标志着固体废物管理的"减量化、无害化和资源化"法律原则中资源化原则得到了更进一步的加强与细化。而且，"3R"原则的实现存在一个顺位问题，即优先实现减量化与再利用，这相对而言对环境造成的额外负担比较小；接下来是资源化（循环利用），也就是将固体废物当作资源进行再生利用；最后，才是回收固体废物的热能。所以，在这种顺位的思路之下，固体废物资源化过程除应当物尽其用之外，还需尽到环境负担最小的义务。这是新时期固体废物资源化理念所发生的重要变化。

（二）购买再生与可重复利用产品的政策

针对再生产品与可重复利用产品，国家区分购买主体而有不同的政策：①对于一般单位和居民，2004年修订的《固体废物污染环境防治法》中规定，政府鼓励单位和个人购买、使用再生产品和可重复利用产品；②而对于政府机关，《循环经济促进法》规定政府应当优先采购有利于节约资源和保护环境的产品以及再生产品。

由此可见，在购买政策上，中国是希望通过政府采购的导向性来促进再生与可重复利用产品的生产与销售，并逐步引导一般消费中也能倾向于再生产品和可重复利用产品这样有利于环境保护的产品。一般来说，民众购买什么样的产品有其自主选择权，法律上不应当设置道德标准较高的行为义务，否则就侵害了民众的自由权利。所以，理论上，法律应该规定环境保护的宣传教育规定以及相关政策，通过教化的方式来提高民众对环境保护的认识，引导他们的行为转向有利于环境保护的方向，从而选择有利于环境的再生产品与可重复利用产品。然而，政府的采购行为则属于法律可以明确规定的范围。所以，通过法律规定政府应当优先采购有利于环境保护的产品，则可以一方面通过政府的行为来促进固体废物的资源化，提高再生利用产品的销售额；另一方面，政府的行为给普通民众也提供了示范效应，可引导民众购买再生与可重复利用的产品。

（三）强制回收目录

强制回收目录，指的是针对一部分具有较高经济价值或者有潜在环境危害性的产品和包装物，通过行政机关制定目录的方式，对指定的产品和包装物强制产品和包装物的消费者、销售者、运输者或生产者进行回收。该项制度最早出现在 2002 年《清洁生产促进法》第 27 条的规定里面。然后，2004 年《固体废物污染环境防治法》第 18 条也确立了产品和包装物的强制回收目录制度。但是，我国的产品与包装物强制回收目录却在十年内都没有颁布，直至 2012 年新修订的《清洁生产促进法》删除了该项制度。强制回收目录制度的存在对产品生产者和销售者提出较高的要求，它们将要承担起建立回收系统的责任，并完善回收的渠道，方能实现强制回收的目的。

（四）"限塑令"

2007 年国务院办公厅下达《关于限制生产销售使用塑料袋的通知》，通知中指出在所有超市、商场和集贸市场内禁止无偿提供塑料袋，这一规定被人们称为"限塑令"。2008 年商务部、国家发展改革委以及国家工商总局发布《商品零售场所塑料购物袋有偿使用管理办法》，该办法的颁布，加强了对塑料袋的管理。表面上，"限塑令"是为了限制塑料袋的使用，是"命令—控制"型的行政规制手段，其实该政策也是一项内含经济诱因的政策。因为，"禁塑令"的根本目的不是绝对不让居民使用塑料袋，如果出于这样的目的，完全可以在生产环节就加以禁止；而是要透过收费这样的经济诱因，促使消费者能够循环使用旧的塑料袋，减少"白色垃圾"的产生。这样的政策，正是"3R"原则当中的"再使用"原则的体现。塑料袋只是辅助交易的产品，在没有国家明令禁止之前，一般是免费的。而且，现在一些商家的纸制购物袋依旧免费赠送。因此，塑料袋不过是在销售过程中依附于商品之上的东西，并不独立成为一件商品。况且，若非因为其污染严重、处理困难的特性，人们缺乏动机对用于包装的塑料袋采取收费举措。目前，国内超市塑料袋的定价普遍为 0.1—1 元。超市收取的这部分费用是否能涵盖其使用的塑料袋的成本，目前来看尚无数据支持。但是，很多超市提供的无纺布购物袋换购活动，都属于免费赠送性质的活动。这样，塑料袋即便收费，也只占超市业务的很小一部分。从某种意义上说，国家对塑料袋强制性要求收费，与其说是为了增加商家收入，不如说是为了改变消费者消费习惯。所以，可以认为，"限塑令"实则是一项间接的关于固体废物资源化的政策，它的政策目的在于鼓励人们反复使用塑料袋。

（五）专项资金政策

2009 年国务院颁布的《废弃电器电子产品回收处理管理条例》第 7 条确立了废弃电器电子产品处理基金。该处理基金主要用于补贴废弃电器电子产品的回收利用费用。建立此基金的目的在于，鼓励电器电子产品的生产、销售和回收企业对废弃电器电子产品进行回收，建立完善的回收系统，以实现废弃电器电子产品的资源化目的。

2010 年财政部、国土资源部颁布《矿产资源节约与综合利用专项资金管理办法》，其中设置了矿产资源节约与综合利用专项资金，该专项资金包括奖励资金和循环经济发展示范工程资金两类。奖励资金采取"以奖代补"方式，对节约与综合利用矿产资源取得显著成绩的矿山企业给予奖励，支持矿山企业提高矿产资源开采回采率、选矿回收率和综合利用率。而示范工程资金主要用于实施以矿山企业为主体的矿产资源领域循环经济发展示范工程，推进页油岩、煤矸石、难选冶黑色金属、共伴生有色多金属、矿山固体废物和多金属尾矿资源等综合开发利用。该专项资金属于国家对在固体废物资源化方面有突出表现的矿山企业进行奖励和补助的一种经济鼓励政策。

（六）"以旧换新"政策

"以旧换新"政策的核心在于通过补贴促进消费者将废弃的电器交还给指定的企业，以提高废弃电器电子产品的回收率。2008 年通过的《循环经济促进法》第 46 条第 5 款规定，"国家鼓励以旧换新、押金等方式回收废物"。该条款属于环境立法中比较典型的政策宣示型立法。通过法律规范表明了国家有意通过建立"以旧换新"、押金等制度来实现固体废物资源化的政策目的。

2009 年国务院颁布的《废弃电器电子产品回收处理管理条例》第 7 条确立了废弃电器电子产品处理基金，该基金主要是用于废弃电器电子产品回收处理费用的补贴。在具体实施中，"以旧换新"政策主要是通过经济补贴的方式来实现。2010 年商务部、财政部、国家发展和改革委员会、工业和信息化部、环境保护部、国家工商总局、国家质检总局联合发布《家电以旧换新实施办法（修订稿）》。凡在实施家电以旧换新省份登记注册的法人或具有本省户口的个人（以下简称购买人）将废弃旧家电交售到中标回收企业，并到中标销售企业购买新家电的，可以享受家电补贴。交售旧家电与购买新家电的购买人必须一致。已享受"家电下乡"补贴政策的新家电不得重复享受以旧换新补贴。

（七）资源循环回收利用体系建设

2011 年发布的《国民经济和社会发展第十二个五年规划纲要》第二十三章"大力发展循环经济"中提出，要健全资源循环利用回收体系。具体的要求是：完善再生资源回收体系，加快建设城市社区和乡村回收站点、分拣中心、集散市场"三位一体"的回收网络，推进再生资源规模化利用。加快完善再制造旧件回收体系，推进再制造产业发展。建立健全垃圾分类回收制度，完善分类回收、密闭运输、集中处理体系，推进餐厨废物等垃圾资源化利用和无害化处理。其实，资源循环利用回收体系早在 2008 年颁布的《循环经济促进法》中就已经有了规定，该法第 37 条规定，国家鼓励和推进废物回收体系建设。地方人民政府应当按照城乡规划，合理布局废物回收网点和交易市场，支持废物回收企业和其他组织开展废物的收集、储存、运输及信息交流。

2017 年国家发展和改革委员会发布《关于推进资源循环利用基地建设的指导意见》。这份文件中明确指出，"资源循环利用基地是对废钢铁、废有色金属、废旧轮胎、建筑垃圾、餐厨废物、园林废物、废旧纺织品、废塑料、废润滑油、废纸、快递包装物、废玻璃、生活垃圾、城市污泥等城市废物进行分类利用和集中处置的场所。基地与城市垃圾清运和再生资源回收系统对接，将再生资源以原料或半成品形式在无害化前提下加工利用，将末端废物进行协同处置，实现城市发展与生态环境和谐共生"。资源循环利用基地的建设，是资源循环回收利用体系的一部分。这也是通过科学选址，解决固体废物处理、处置场所选址容易产生的邻避效应问题。另外，固定的资源循环利用基地可以提升固体废物循环利用的效率，有助于提高固体废物资源化的程度。

四　发展趋势分析

从 1949 年中华人民共和国成立以来，经历了 60 多年的发展历程。中国固体废物资源化政策与法律也在不断地发展和变化之中，总体上经历了一个从粗陋到精细、从原则性到实践性的发展过程。随着 21 世纪中国社会、经济和环境条件的进一步发展变化，新的理念和新的原则也在不断更新，这些都影响了中国固体废物资源化政策与法律的发展趋势。回顾已经过去的 60 多年的历史，中国的固体废物政策和法律的发展有如下趋势。

（一）经济刺激手段的引入

20 世纪 80 年代以前的中国，长期处于计划经济之下，政策目标的实现主要依靠命令与控制手段中的行政指令方式，促使各生产、经营企业实现固体废物综合利用的政策目标。况且，当时的社会还没有如今天般饱受固体废物问题的困扰，所以，政策目标定得比较低，实现手段比较单一。

20 世纪 80 年代之后，市场经济的引入，让能够产生经济诱因的政策工具逐渐出现在政策制定者的视线范围内。诸如押金制度、"以旧换新"政策、贷款优惠政策、税收优惠政策、专项资金补贴政策等逐渐出现在中国固体废物资源化政策之中。这一趋势表明，行政管制的强制力已经不能满足对分散在市场中各个角落中的固体废物产生者要求其资源化固体废物的监督管理需求。只有利用经济诱因的政策工具，引导这些固体废物的产生者自愿自发地回收利用固体废物，才能够使得行政监管部门从巨大如山的行政成本压力中解放出来。

如近年来的"以旧换新"政策，该项政策是在当前全球经济低迷、出口大幅度下降的背景之下产生的刺激国内经济消费的一项经济政策。家电以旧换新购买可以获得补贴，按新家电销售价格的 10% 给予补贴，补贴上限为：电视机 400 元/台，冰箱（含冰柜）300 元/台，洗衣机 250 元/台，空调 350 元/台，电脑 400 元/台。然而，该政策的另一个政策目标是，以此为契机建立一个国内的废旧家电回收渠道。对回收企业运费的补贴，按回收企业交售旧家电的数量定额补助。由于"以旧换新"政策下购买新家电可以获得补贴，普通民众就获得了更大的动力去淘汰那些已经使用了多年的旧家电，这些家电往往还具有高能耗的特点。一旦这些旧家电需要淘汰，城市居民往往不知道该如何丢弃。所以在经济诱因的动力之下，通过向销售商交回旧家电，以获得购买新家电的补贴，更够让能耗更低的新家电尽快更新旧家电。同时，也通过参与"以旧换新"政策的家电销售商组建起一个废旧家电的回收网络，降低了新建一个废旧家电回收利用体系的成本。该政策的实施对社会经济和环境保护同时产生正效益。以安徽省为例，2010 年，全省家电以旧换新累计销售新家电 156 万台，回收旧家电 164 万台，拆解收购旧家电 129 万台，已拆解旧家电 117 万台，拆解率为 90.52%，发放财政补贴 3.78 亿元，财政兑付率为 82%。2011 年 1—6 月，累计销售新家电 95 万台，回收旧家电 101 万台，拆解收购旧家电 92 万台，已拆解旧家电 89 万台，发放财政补贴 2.7 亿元。[①]

但是，由于中国市场经济体制还不够完善，很多基于市场机制的政策工具还无法开展，所以，目前中国固体废物资源化政策与法律中的经济刺激手段的运用还处在较浅的层面，有待进一步的深入发展。

(二) 政策工具多样性的完善

政策工具是实现政策目标的一种手段，其核心就是如何将政策意图转变为管理行为，将政策理想转变为政策现实。[②] 像中国这样的发展中国家，不仅仅在市场经济的发展上不充分，对于政策工具的运用能力也是处在缓慢地提升之中。经过 60 多年的发展，特别是改革开放以后的 30 多年，中国固体废物资源化的政策工具逐渐呈现出多样性的特点。

在环境政策领域里，传统的政策工具是命令与控制式的行政管制

---

① 安徽省商务厅：《我省实施家电以旧换新经济社会环境成效斐然》（http://anhui.mofcom.gov.cn/aarticle/ sjshangwudt/ 201107/20110707655740.html）。

② 黄红华：《政策工具理论的兴起及其在中国的发展》，《社会科学》2010 年第 4 期。

工具，这类政策工具通常是政府通过自上而下的官僚制组织体系，以法律的形式对行为者的环境污染行为进行限制，对不符合其要求的行为进行制裁。虽然命令与控制式的行政管制工具具有直接和高效的特点，但是其强制性程度比较高，缺乏对行为者差异性的考量。因此，行为者缺乏内在动力去控制污染，对已经达到排放标准的行为者作用较弱，甚至会逐渐失去作用。[①] 传统的命令与控制式行政管制工具在实践中所遇到的各种问题，以及环境污染所带来的现实压力，促使政策的制定者必须采取更为多样性和更为有效的政策工具。具体到固体废物资源化的政策和法律，能够产生经济诱导效果的政策工具逐渐得到重视。较之最早的政策宣示配合行政管制手段而言，近些年的各种新型政策工具得到了实验性的运用，比如补贴、押金—退款、"以旧换新"等更具有效率的政策工具。而更为有效的市场化政策工具也在逐步地试点过程中。

（三）政策理念的不断更新

如前面所提到的，任何一种政策都具有其独特的价值定位，也就是存在某种价值的倾向性。所以，处于政策制定背后的某种理念正是决定这种价值定位的关键因素。环境保护领域里关于环境保护的理念一直都在变化之中，不断有新的口号和理念诞生。从20世纪80年代诞生的可持续发展理念开始，逐渐地出现了清洁生产、循环经济等理念，而这些理念也都逐步地变为法律规则得到了实践。近年来，中国政府又提出了建设"资源节约型社会和环境友好型社会"的政策目标，这一目标也正是前述若干理念在实践中发展而形成的。

在可持续发展这个大的理念之下，固体废物管理的理念还可以细化为"减量化—无害化—资源化"。虽然这一理念同时以法律原则的面貌出现，但它清楚地反映了固体废物管理中实现污染防治与资源循环利用的可持续发展，以避免、减少和分流为特征的源头管理，以分类、密闭和卫生为特征的收集清运，以及最终的回收利用这一整体性

---

① 崔先维：《中国环境政策中的市场化工具问题研究》，博士学位论文，吉林大学，2010年，第7页。

的管理理念。早期的固体废物管理主要集中在收集、清运以防止对环境造成污染以及回收利用工业固体以提高生产效率这样的政策目标之上，其所反映出来的管理理念呈现出片面化的特征。特别是固体废物资源化的政策和法律领域，主要集中在工业生产领域，所有的政策都倾向于工业企业，特别是诸如矿山企业这样会产生大量固体废物的企业。固体废物资源化的政策和法律理念是一种末端治理的理念。

随着可持续发展、清洁生产和循环经济理念的逐渐出现，把固体废物视为"放错位置的资源"的观点越来越多。末端治理的固体废物资源化政策理念也逐步地被以减量化优先的理念所替代。新的固体废物资源化政策是建立在固体废物减量化基础之上的。特别强调通过重新设计产品和统一产品零部件规格、减少产品包装物以及使用新型材料等措施，从源头减少固体废物最终的产生量，以减少需要处置的固体废物数量，这样再通过重复使用和循环使用的方式，尽最大的可能降低最终需要填埋和焚烧的固体废物数量，以实现真正的环境保护和经济发展相协调。这种理念上的变化是一种颠覆性的变化。因为，这种政策理念不再是"头痛医头、脚痛医脚"式地应对，而是从整个社会生产生活出发，是具有系统性管理的理念。

中国固体废物资源化政策和法律理念的不断更新从立法上也能发现其痕迹。随着新理念的不断变化，新的立法也随着这些政策理念而出台，成为实现政策理念的措施，如《清洁生产促进法》《循环经济促进法》。这些法之所以被称为"促进法"，是因为其实质上是为落实政策理念而制定的一种法律规范体系，它们是作为政策实施的路径而存在的。伴随着新的立法的出现，更新了的中国固体废物资源化政策和法律的政策理念也被固定下来，成为具有实践性的一种理念，而不仅仅只是停留在宣示性的层面。

第四节　中国现行固体废物资源化政策 与法律的现实困境

通过第三节对新中国成立以来固体废物资源化政策发展的梳理，

我们可以大致地了解到中国固体废物资源化政策在不断地完善之中。但是，在整个政策的制定与实施过程中，还存在着一些进退两难的问题。这些问题的存在，与中国历史发展背景有关，也与整体的政策与法律水平密切关联。当政府面临着越来越严峻的固体废物问题的时候，其所依赖的固体废物资源化政策与法律中一贯以来就存在的问题会变得突出，现实的困境就会愈发地明显。

一　监督管理体制的矛盾

固体废物管理，是一个横跨经济发展与环境保护的综合性问题。这种综合性特性，让固体废物管理变得复杂，特别是在固体废物的监督管理体制方面，其中的部门职能并没有理顺。与环境问题其他领域一样，固体废物的监督管理机构也按照环境保护与资源利用的不同，而由不同的行政部门履行监督管理职能。

（一）中国固体废物资源化监督管理体制的现状

综合《固体废物污染环境防治法》《循环经济促进法》《清洁生产促进法》和国务院发布的《城市市容和环境卫生管理条例》，我们可以发现，中国固体废物管理的主管行政部门主要是：环境保护部门、住房与城乡建设部门、发展和改革部门。

环境保护行政主管部门主管固体废物的污染防治工作，特别是防治工业固体废物和危险废物对环境可能造成的潜在污染危害。具体工作有：制定有关固体废物管理的规定、规则和标准，建立固体废物污染环境的监测制度，审批产生固体废物的项目以及建设贮存、处置固体废物的项目的环境影响评价，验收、监督和审批固体废物污染环境防治设施及其关闭、拆除，对于固体废物污染环境防治有关的单位进行现场检查，对固体废物的转移、处置进行审批、监督，制定防治工业固体废物污染环境的技术政策，组织推广先进的防治工业固体废物污染环境的生产工艺和设备，制定工业固体废物污染环境防治工作规划，组织工业固体废物和危险废物的申报登记，对固体废物污染事故进行监督、调查和处理。

住房与城乡建设行政主管部门及其在市、县的城市管理部门主管城市生活垃圾的收集、清运以及城市生活垃圾填埋、焚烧或其他处置设施的建设；发展和改革行政主管部门主管废旧资源的回收利用工作，特别是回收利用市场体系的建设和完善工作。当然，固体废物资源化工作中，还会涉及农业、交通、商务、国土资源、科技、财政、工业和信息化、人力资源和社会保障等诸多行政主管部门。这些部门在各自的职责范围内负责固体废物污染环境防治的监督管理工作。具体有：对所管辖范围内的有关单位的固体废物污染环境防治工作进行监督管理，对造成固体废物严重污染环境的企事业单位进行限期治理，制定防治工业固体废物污染环境的技术政策，组织推广先进的防治工业固体废物污染环境的生产工艺和设备，限期淘汰产生严重污染环境的工业固体废物的落后生产工艺和落后设备，制定工业固体废物污染环境防治工作规划，组织建设工业固体废物和危险废物贮存、处置设施。这些部门在职能划分上，相互交错、重叠的现象并不少见。

（二）中国固体废物资源化监督管理体制存在的问题

中国固体废物资源化的监督管理体制因为其监管的对象难以绝对地区分开，所以导致职能上的重叠，乃至矛盾。表面上，法律的规定很清楚，比如《固体废物污染环境防治法》中规定环境保护行政主管部门统一监督管理固体废物的污染防治工作。工业固体废物的收集、贮存、运输和处置通过各种制度的设置，倒还在环境保护行政主管部门的监督之下；但是，城市生活垃圾的收集、清运和处置则全由城市管理部门来监管，环境保护行政主管部门无法插手其中，而且更无具体制度来保证环境保护行政主管部门对其污染防治进行监督管理，所以空有法律规定的职能，却无落实的措施。这也是导致环境保护行政主管部门与城市管理行政主管部门在城市生活垃圾管理方面职能冲突的原因。在城市生活垃圾的分类方面，人们往往认为这是个环境保护的问题，一般也是环境保护行政主管部门在推动此活动。但是，主管部门却又涉及城市管理、经贸、财政等多个部门。因此，管理体制无法理顺。具体说来，固体废物资源化监督管理体制，目前有以下几个方面的弊端。

首先，监管主体不明确。大家都知道"垃圾是放错了位置的资源"，但是，作为资源的固体废物，应当被视为废物，抑或是资源，则牵扯到不同部门之间的利益纷争，也就造成了当下监督管理主体不明确的现状。而且，立法上对工业固体废物和城市生活垃圾的收集、贮存、清运、处置等规定了不同的监督管理主体。同样是固体废物，却分由不同的部门来监管，这种监督管理体制必然会造成回收利用工业固体废物和城市生活垃圾效率上的差异。

其次，行业职责不清晰。立法规定了城市生活垃圾的主管部门是建设行政主管部门，却没有明确城市生活垃圾资源化的主管部门是建设行政主管部门，这就导致在生活垃圾的收集清运时，主管部门措施并不会考虑资源化的问题。这也是当前生活垃圾分类收集政策落实不下去的主要原因。

再次，固体废物资源化的主体单一。多年以来，政府是固体废物资源化的唯一责任主体。在计划经济长期的影响之下，中国城市生活垃圾一直作为一项社会福利事业进行管理。从垃圾的清扫、收集、运输到处理，全部费用和管理工作都由政府包办，政府是城市垃圾管理的唯一责任人，不利于培养人民和企业的公众参与意识。[①]

最后，管理层次多而分散，行业发展缓慢。从地方机构职能划分上看，固体废物资源化的监督管理层次多而不集中，许多城市的固体废物回收网点建设存在不完善的地方。而且，整个产业还处于落后的发展状况中，特别是城市生活垃圾的资源化这个领域，依靠的还是零散的上门收购和人工分拣。而工业固体废物的资源化也受到资金和技术等方面的制约，回收率一直难以提高。

二 政策工具选择的失衡

环境政策工具的设计和应用不可避免地需要以法律作为基本依据，或者说要涉及环境立法的问题。一般来说，环境立法通常有两种立法取向：一是"权利本位"取向，该取向认为权利是法的逻辑起点

---

① 胡涛、吴云萍、张凌云：《我国固体废物的管理体制问题分析》，《环境科学研究》2006 年第 19 卷增刊。

和最终归宿，义务来源、从属并服务于权利，权利优于义务。权利本位是典型的人本位，所有社会成员皆为权利的平等主体；二是"义务"本位取向，该取向认为，法的重心应该在义务，法由义务决定权利，以义务的履行为归宿。① 然而，在中国目前的固体废物资源化政策工具中，虽然市场化手段不断增加，但行政管制手段仍然占据着主要的角色。也就是说，"命令—控制"式的行政控制，是实现固体废物资源化的主要政策工具。命令与控制手段的基本特征就是要求其控制的对象遵守其强制性的要求，没有什么可选择的自由，以义务履行为主要特征。而基于市场的手段，则强调企业在固体废物资源化过程中利用市场的调节机制，强调企业对作为"资源"的固体废物的产权。基于市场的政策工具，它们鼓励企业通过市场的信号来做出行为决策，而不是制订明确的固体废物回收水平或方法来规制人们的行为。有时候，行政管制的政策工具给企业制定统一的目标成本过大，它会迫使企业采取不当的技术手段和设施，导致固体废物资源化的成本太高，造成巨额的支出，偏离了原本的政策目标。

中国的决策者们在选择固体废物资源化的政策工具时，往往还是倾向于行政管制的手段。在政策工具选择问题上，行政部门倾向于命令控制式行政规制手段的传统表现在以下几个方面。

第一，政府干预市场的思想普遍流行于现行的固体废物资源化政策之中。中国的固体废物立法，乃至整个环境法都以义务为本位，大量的法律法规都是行政法规，而且通常都是以对行政相对人的义务为主要内容的，抑或是以行政监管部门的职能为内容。然而，后者往往没有法律责任为实施的保障。这样一来，固体废物资源化的活动，就变成以行政相对人遵守法律义务为基础的一种活动，整个资源化市场的建立和运营都依赖于政府的积极干预，自发市场的形成在现有的政策和法律体系下无法实现。

第二，固体废物资源化经济刺激手段运用范围失衡。在工业固体

---

① 张恒山：《论法以义务为重心——评"权利本位说"》，《中国法学》1990年第5期。

废物的资源化方面，政府有着比较完善的补贴和税收优惠政策，并且这些政策实行了几十年，有着良好的实施效果。但在城市生活垃圾资源化政策方面，因为作为前提的垃圾分类政策实施不下去，相关的经济刺激政策又缺乏，所以，整个城市生活垃圾的回收利用政策显得十分薄弱，相关的经济刺激手段也缺乏实施的基础。

第三，政策中信息工具的运用较弱。在公共规制中，信息工具是旨在为交易主体或规制机构提供决策信息以改善决策质量的规制工具。[1] 一般来说，信息政策工具主要以公众参与为主要体现。信息工具强调"交流"和"引导"，方便目标群体进行理性行为选择。相对于传统规制直接限制而言，信息工具提供了一个带来更少限制的实现规制目标的进路。[2] 但是，公众参与的政策设计，在现行的固体废物资源化政策与法律体系中几乎没有。

三　法律规范上的空白

总体来说，目前中国关于固体废物资源化的立法还很不完善。从1985 年起草《固体废物污染防治法》开始，固体废物资源化的法律规范部分就因为种种原因被排斥在外。而相关的资源回收利用法又未得到重视，无法进入立法议程之中，因而，在固体废物资源化的法律规范方面，还存在着大量的空白。

从目前已有的立法来看，主要有《固体废物污染环境防治法》《循环经济促进法》《清洁生产促进法》以及《城市市容与环境卫生管理条例》《废弃电器电子产品回收管理条例》《报废汽车回收管理办法》等。但仔细考察这些法律法规的内容，就会发现，多数的法律条文属于政策宣示型的条文内容。这些政策宣示型的法律规范，其主要目的在于给国家制定固体废物资源化的相关政策提供一个法律上的依据。然而，纵然有了法律上的依据，政策的实施措施若非有法律上的制度保障，仍然难以落到实处。在与美国、英国及中国台湾地区的

---

① 应飞虎、涂永前：《公共规制中的信息工具》，《中国社会科学》2010 年第 4 期。

② 王清军：《环境治理中的信息工具》，《法治研究》2013 年第 12 期。

相关资源回收利用立法比较后，可以发现以下几个方面，中国的立法上还存在着空白之处。

首先，关于回收组织体系的相关行为规则。目前中国固体废物回收利用是工业固体废物与城市生活垃圾分开的两条回收组织线路。企业产生的工业固体废物的回收利用组织体系建设相对完善。而中国的城市生活垃圾由专门的城市环境卫生机构负责收集和清运，相关的生活垃圾回收利用企业则以零散的形式存在。然而，政府负责收集和清运之余，若能组织回收利用企业组成回收利用体系，则能使其成为完成公共事业的有效力量。而且，很多城市目前已经在开展此项工作。但是，这些回收利用的企业或者机构如何构建成为一个网络，其法律上的权利和义务如何，却缺少相应的法律规则予以规范。

其次，回收利用率的法律地位。回收利用率是中国固体废物资源化政策与法律中行政管制工具的核心，所有的政策工具都应以回收利用率为核心进行选择和设计。然而，目前的固体废物回收利用率并没有成为重点，只是在相关固体废物的污染防治规划中出现。而且，也没有成为政策和法律设计的中心。这或许与当下中国的经济及技术状况仍不能实现预设的回收利用率有关。

再次，回收标签的使用。由于末端的垃圾分类制度还未能落实下去，所以在产品生产前段的产品设计中，也没把回收标签考虑进去。当然，这也和法律上相关制度的缺失有关。回收标签在许多国家和地区的立法中都已经被采用，作为生态标签制度的一种形式，提示消费者在丢弃时考虑到将垃圾分类回收。另外，有一种市场化的回收标签，即是回收利用组织网络所使用的标签。这些回收标签应当作为一项政策工具运用到固体废物资源化过程中。

最后，基金制度的运用。盖因回收利用固体废物是一项耗费巨大的工程，特别是在目前的状况下，推行城市生活垃圾分类，一些基础设施的建设需要筹集资金，这就有必要建立废物回收利用基金制度，以补充投资上的不足。

四　政策措施设计缺陷

政策措施是实现政策目标的途径和手段。只有通过有效的政策措施才能达到政策制定者预期的效果。然而，如果政策措施本身存在问题的话，政策目标自然就无法实现。以中国城市生活垃圾分类政策措施为例，中国城市生活垃圾政策中有分类标准、分类收集装置设置等措施，但是，这些政策措施都存在某些不合理的地方，这些政策措施的缺陷导致了城市生活垃圾分类政策实施的不可能。

（一）垃圾分类标准方面

目前中国城市垃圾分类政策中关于垃圾的分类并没有一个明确的类型化划分标准。各个城市在执行城市生活垃圾分类政策上所确立的标准不一致。比如广州市地方立法中给出的垃圾分类类别为：可回收物、餐厨垃圾、有害垃圾和其他垃圾。而常熟市地方立法中垃圾分类的类别为：可燃垃圾、不可燃垃圾、有害垃圾和大件废物。基本上，目前地方立法中对垃圾分类的标准选择上都是以垃圾是否可回收利用（如是否可燃，或是否可回收），以及垃圾的形态与性质（如厨余、大件、有害等）作为分类的标准。

垃圾分类政策的前提就是必须要给出明确的垃圾分类标准。中国的垃圾分类政策在垃圾分类标准上最大的一个缺陷就是分类标准不能使广大居民理解。不论政策制定者采取何种标准，一般居民在判断垃圾属于何种类别时，往往凭借的是自己的生活经验，而非政策制定者所确立的分类标准。这样就会导致遵守规范的人与制定规范的人之间在垃圾分类类别的理解上存在偏差。如果没有一个具有资质的判断者的监督，不同类别的垃圾就会被混合在一起，失去了垃圾分类政策的制定初衷。所以，就存在一个理论上的问题：垃圾的分类标准是否属于一般性社会认识？如果这个分类标准不是一般性社会认识，则立法者就有必要以明确的项目内容来列举不同类别的垃圾，以实现规则的明确性，并对该规定进行宣传。

（二）垃圾分类收集装置设置方面

目前中国在城市生活垃圾分类定点投放处所设置的垃圾桶主要分为可回收与不可回收两大类，有时还会加上电池回收这一个专门类别。但是，该政策措施在实施过程中并没有取得理想的结果。这个政策措施存在以下两个方面问题。

一方面，可回收利用与不可回收利用这两个类别过于宽泛，加之没有明确的文字标识，一般居民只能根据自己所掌握的分类知识来分类投放。所以，经常会将不可回收的垃圾投入可回收垃圾桶，或者将可回收的垃圾投入不可回收垃圾桶。这实际上就减弱了垃圾分类回收政策的效果。

另一方面，目前的垃圾收集装置分类与立法上的分类类别还不能完全匹配。对于已有相关立法的地区，还未能完全按照立法上的分类类别进行垃圾收集装置的设置。因为这往往牵涉很大数量的垃圾桶的更新，对于地方政府来说，这是一项不小的开支。

（三）垃圾清运方面

垃圾清运是指城市市容环卫从业人员从不同垃圾收集装置中将垃圾集中运输到特定的固体废物处置场所的过程。目前，很多地方的城市市容环卫从业人员在收集垃圾的过程中，也没有注意分类回收的要求，而是将可回收的垃圾与不可回收的垃圾混合倒入垃圾车一并运走。这与中国目前所使用的垃圾清运车的类型有着非常大的联系。中国城市环境卫生部门当前所使用的垃圾清运车一般为：压缩式垃圾车、自装卸式垃圾车、摆臂式垃圾车以及密闭式垃圾车等，这些种类的垃圾车没有一种是具有分类收集功能的垃圾清运车。这种垃圾清运车的设计，就从根本上导致了垃圾分类回收的不可能。而这样混合回收清运的行为，基本上抵消了居民所做的垃圾分类努力。

第三章

域外固体废物资源化政策与
法律概览及分析

近几十年来，工业化发达国家与那些新兴的工业化发展中国家都面临着一个同样严峻的问题——固体废物的处理——这是一个关系着城市健康发展的问题。引起这一问题的因素很多，比如，大件商品的消费，产品制造的成本下降以及整个社会正在朝着"丢弃型"社会发展趋势的增加等。① 这些因素构成了一个错综复杂的问题，这个问题导致的结果不仅是固体废物数量上的增长，而且使得自然资源的消耗量也迅速增加。所以，为了缓解固体废物问题给垃圾填埋场和焚烧场带来的压力，各国和各地区纷纷采取措施来应对。本章以欧洲、美国、日本等为例，来介绍国外固体废物资源化政策与法律的历史发展和经验。

第一节　欧洲国家固体废物资源化
政策与法律的发展

欧洲是一个城市人口密度非常高的地区，固体废物问题在这一地区也是非常严重的。不过，欧盟及其成员国通过法律框架体系对固体废物进行的可持续管理在世界上一直居于领先水平。经济刺激手段和

---

① Helmut Schnurer, *German Waste Legislation and Sustainable Development* (www. bmu. de/ english/documents/doc/3291. php) .

强制推行的生产者责任延伸制度使得整个欧盟的固体废物回收率在逐步提高。所以，欧盟所建立起来的可持续的固体废物管理体系值得其他国家乃至整个国际社会学习。

一 德国固体废物资源化的政策与法律

德国产生的固体废物在最近几十年内成倍增长。每年约有 3600 万吨生活垃圾和工业固体废物需要处理，其中 3/4 是生活垃圾。德国是欧洲地区第一个采取正式行动应对废物问题的国家。[①] 德国面临着垃圾填埋场运行能力严重不足的问题，另外，反对增加新的垃圾填埋场的呼声也非常高。因此，德国政府不得不面对这样一个进退两难的问题。实际上，在已有的垃圾填埋场中，尽管采取了很多环境保护措施，但每年还是要产生超过 100000 件的起诉。针对这一严峻的问题，德国政府制定了一系列法律法规来应对。从 20 世纪 60 年代开始，德国制定了以规制废物堆放为目的的联邦法律。1968 年，联邦制定颁布了规范旧机油的法律。

第一部专门的废物处理法出现在 1972 年，尽管与其他的环境保护法律比较起来它出现得比较晚，但是在其出台的那几年里，这部法律很成功地实现了它的目标。不过，无论 1972 年的这部废物处理法如何成功，它都仅仅局限在简单地对已产生的固体废物进行应付方面。针对这个局限，德国政府在 1986 年颁布了《废物避免和管理法》。这部新的法律引进了一个原则——在对固体废物处理之前要避免其产生并对已经产生的固体废物进行可能和必要的资源化——这是后来《循环经济和废物管理法》产生的思想来源。尽管这部法律并不成功，但是，它为后来的废物立法带来了一些新的东西，比如，延伸的生产者责任、更严格的环境刑事责任条款等。

对现代各国固体废物资源化立法产生影响的是德国政府 1994 年制定的《循环经济和废物管理法》。这部法律以自然资源的保护和促

---

① James E. Donnelly, "Numbers Never Lie, But What do they Say? A Comparative Look at Municipal Solid Waste Recycling in the United States and Germany", *Georgetown. International Environmental Law Review*, Vol. 15, 2002.

进循环经济及更加环保的废物处理为目的，以"避免（Reduce）—再利用（Reuse）—再循环（Recycling）"的"3R"原则为废物处理的基本原则。这部法律中体现了当代最先进的固体废物处理的理念，为后来各国的固体废物立法所模仿。

（一）产品责任制度

产品责任制度是德国推进废物资源化管理的重要制度。按照《循环经济与废物管理法》的规定，谁开发、生产、加工和经营的产品，谁就要承担满足循环经济目的的产品责任。为了履行产品责任，产品生产者应最大可能地在生产过程中避免产生废物，保证有利于环境的利用，确保在利用中产生的废物得到处置。

产品责任特别包括：①产品包括多次利用的、技术寿命长的产品开发、生产和使用，按规定无害化利用后，采取对环境有利的处置；②在产品生产过程中优先采用可利用的废物或二级原材料；③含有有害物质的产品要有标志，以确保产品使用后产生的废物能够采取有利于环境保护的方式利用或处置；④产品标志上要标有回收、再利用的可能性和义务的说明，以及抵押规定；⑤产品和产品使用后产生的废物的回收以及以后的利用和处置。

1991年的《包装废物条例》以及与其相应的德国 DSD 双元回收体系在德国固体废物法律控制历史上也占据着重要的位置。1991年《包装废物条例》是基于1986年的《废物避免和管理法》第14条之规定产生的一项重要的废物管理政策，并且在20世纪90年代初直接导致德国 DSD 双元回收体系的产生。[①] 该条例是欧洲第一个将生产者延伸责任引入国内立法的法律文件。《包装废物条例》主要有四个目标：①包装物应当以对"环境负责"的材料制成，以便将来的循环利用；②包装物的重量和体积应当最小化；③如果可行的话，包装物应当是可以重新填充，重复用于包装的；④如果不能重新填充，则包装物应当可以被回收利用。德国在1998年对《包装废物条例》进行了

① 汤德宗：《废弃物资源回收制度改进之研究》，台湾"行政院"研究发展考核委员会1997年编印，第204页。

修订，主要是增加了全国范围内的回收利用定额，以执行欧盟包装物指令所确立的回收利用目标。

（二）抵押金制度

为了提高包装品回收率，德国制定了抵押金制度。德国包装法明确规定，如果一次性饮料包装的回收率低于 72%，则必须实行强制性押金制度。自实行此制度以来，顾客在购买所有用塑料瓶和易拉罐包装的矿泉水、啤酒、可乐、汽水等饮料时，均须支付相应的押金，1.5 升以下为 0.25 欧分，顾客在退还空瓶时，领回押金。押金制度不仅提高了包装品的回收率，更让消费者改变了使用一次性饮料包装的消费习惯，转向使用更有利于环保的可多次利用的包装品。

（三）垃圾分类与"绿点"系统

混合垃圾处理成本高，污染大，利用率低。德国自 1985 年开始就实行垃圾分类，即根据垃圾的性质和用途（如有机垃圾、无机垃圾、废旧电池、玻璃、纸质制品等），分置多个垃圾箱，再在垃圾箱上用文字和图示提醒消费者将各种不同的垃圾分别投入不同的垃圾箱中。垃圾分类有利于垃圾的处理、加工和再利用，同时降低了处理成本。

在日常生活中，大凡食品、化妆品、各种日用塑料、玻璃、纸类外包装袋上都印有一个圆圈和箭头组成的圆形图案，这就是"绿点"。凡是交了钱的企业都可以在自己的产品上印一个由一绿一黄两个箭头组成的绿点标记，表示自己已经缴纳了回收的费用，老百姓可以放心购买。消费者在使用完这件商品后，便可将带有绿点标记的废弃包装丢进专门的垃圾袋内，方便回收。有此标志的商品，表示它的包装可以回收，也就是要求消费者把它放入盛包装物的分类垃圾箱。若制造商或经销商欲用"绿点"标志，则必须支付一定的注册使用费用，费用数额视包装材料、重量、容积而定，收取的费用作为回收和分类包装废物的经费。

（四）废物收费制度

垃圾处理费的征收主要有两类，一类是向城市居民收费，另一类是向生产商收费（又称产品费）。对于居民收费来说，德国各个城市的垃圾收费方法不尽相同，有的是按户收费，以垃圾处理税或固定费率的方式收取；有的是按垃圾排放量来收取。目前，大多数城市都采用按户征收垃圾处理费的方式；部分城市开始试用计量收费制，按不同废物、不同量收取不同费用。产品费的征收更充分地反映了"污染者付费"原则，要求生产商对其生产的产品全部生命周期负责。产品费的征收对于约束生产商使用过多的原材料，促进生产技术的创新，以及筹集垃圾处理资金都有较大的帮助。

德国采取垃圾收费政策强制居民和生产商增加了对废物的回收和处理投入，为垃圾的治理积累了资金，推动了垃圾的减量化和资源化。据德国环保局统计，垃圾收费政策实施后，家庭庭院垃圾堆肥增多，厨余垃圾减少了65%；包装企业每年仅包装废物回收所交的费用就高达2.5亿—3亿美元。

（五）双轨回收系统

德国自1991年开始对包装进行分类。德国包装废物收集和处理的双轨系统模式是废物资源化管理运行机制的典型模式。1990年9月，德国95家包装公司和工厂企业及贸易零售商联合建立了德国的双轨回收系统（DSD）。公司的核心业务就是建立一个平行于政府环卫系统的包装物回收系统，将具有再生价值的废弃包装物回收并重新利用。DSD是一个专门负责对包装废物进行回收利用的非政府组织，它接受企业的委托，组织收运者对企业的包装废物进行回收和分类，然后分送到相应的资源再利用厂家进行循环利用，能直接回收的则送返制造商。目前德国已拥有200多家分类车间，可对250万吨的轻包装物进行分类处理。DSD系统的建立促进了德国包装废物的回收利用。DSD成立之初，一共有95家包装材料生产企业、灌装企业和零售企业加入进来。每家企业按照生产量和原材料性质缴纳一定的处理费用给DSD，由后者负责建立收购网点和渠道，并将收上来的废弃包装物进行重复利用。如果一家企业决定不加盟，就必须自己出钱解决回收问题，花费往往更大。

二 法国固体废物资源化的政策与法律

根据法国环境法典第541—1条的规定，法国固体废物的组织与管理的国家政策是法国朝循环经济转型的重要途径。[①] 法国的固体废物管理原则主要包括：第一，废物生产和危害性的源削减原则；第二，组织和限制运输距离与容量的近距离原则；第三，通过再利用、再循环或其他一切活动以获得可重复使用废料或能源的废物回收原则；第四，废物的生产和清除运作对环境和公众健康的影响信息公开原则。

（一）固体废物责任的承担

1. 家用和食物废物

家用废物是来自家庭活动的普通废物，如食品准备、正常的清洁等产生的废物。某些来自手工工场和商业机构的非家用废物，根据其家用废物的性质，一部分属于家用废物，另一部分属于公共工业废物。废物的清除和处理的公共服务根据以下几种模式运行。

（1）业务管理处：市政和市政团体直接保证自身废物的清除服务。地方社区为必要的工程提供资金，并且保障废物的服务和管理。

（2）中间人管理：这一模式较少使用，主要是指私人企业从市政获得报酬，共同进行废物的管理和服务。

（3）公共服务的委托：地方社区委托一家私人企业或公立企业以租赁的方式获得特许经营权，对废物进行清除和处理，同时为其必要的投资费用的实现负责，以确保服务的运行。这种模式保证了 2/3 的家用废物的处理。

2. 工业废物

根据法规，工业废物分为公共工业废物和特殊工业废物两种。公共工业废物是指由工业和手工业商业企业或服务业产生的非危险、非物理性废物。公共工业废物与家用和食物废物的处理适用的是同样的技术。公共工业废物的清除采用废物生产者责任。原则上，如果生产者产生超过 1100 升的废物，有两种可能性：其一，给付一项特许权使用费，该费属于家用垃圾使用费的一种，但很少有城市政府收取这

---

① Kamila Pope, *Understanding Planned Obsolescence：Unsustainability through Production, Consumption and Waste Generation*, London：Kogan Page Limited, 2017, p. 189.

一类费用；其二，支持更多的专业公司特别是最重要的公司处理公共工业废物。

根据 2002 年 4 月 18 日 2002—540 号法令规定，特殊工业废物是指家用危险废物以外的危险废物。危险废物的生产者必须进行危险废物生产的年度注册，并且每一年度须向省政府申报。危险废物的清除实行一系列特别手续，因其特殊的谨慎的必要性，经授权的清除者才能实施其活动。

（二）固体废物选择性收集

选择性收集在于收集一个或几个废物收集箱中经分类的预知的可加工废物。根据社会地理环境，存在几种分开收集的混合形式。

（1）直接分开收集：这种方式的特点在于鼓励民众在将垃圾丢弃到垃圾收集装置之前从中收集可回收利用的垃圾。

（2）自主前往指定地点收集：这种方法在于将一些特殊的垃圾收集装置根据特殊的条款摆放到某个地方，并允许民众前往该收集装置处丢弃可回收利用的垃圾。

（3）废品回收处理中心垃圾废物存放：废品回收中心接收废物，但其中大部分将不会由传统收集方式处理。

选择性收集不是强制性的，城市政府没有此种义务。

（三）固体废物的运输及转移

根据 1992 年 7 月 13 日 92—646 号法律的规定，废物的运输必须遵守邻近原则，也就是说存储量和运输距离是有限的。根据规定，企业实施废物的公路运输，废物的交易和手续费需提交给就近省份的行政长官进行申报。在申报文件被接受后，行政长官签发一份申报回执。而申报书有效期为 5 年。[①]

对废物存储量的限制包括：危险废物每次装载 0.1 吨；除危险废物外的废物每次装载 0.5 吨。某些情况下企业可不受此限制，包括：企业主动申报并运输自己的废物；企业为公共区域实施家用垃

---

① Emmanuel C. Gentil, *Municipal waste management in France*, ETC/RCP working paper, European Environment Agency（https：//www.eea.europa.eu/publications/managing-municipal-solid-waste/france-municipal-waste-management），2013，p. 6.

圾的收集；企业从没受到污染的国土道路运输砖状废物、混凝土、瓦片、建筑碎料、石头、清洁的和分类的旧料；授权使用的油类收集器。

废物发货人有义务保证企业的运输持有申报书。危险废物的运输主要涉及一些特殊道路。危险废物的转移，主要是依据欧盟 2006 年 6 月 14 日的 1013/2006 规章，该规章按照废物的危险性分为两类程序：①橙色名单，在这类名单中的废物必须实施通知和预先书面同意程序，针对所有危险和半危险废物的清除；②绿色名单，在这类名单中的废物需针对问题中的废物提请一项附带某些信息的转移程序。

（四）固体废物的存储

根据环境法典第 541—24 条的规定，从 2002 年 7 月 1 日开始，最终废物只能集中存储，也就是说废物不能再根据可接受的经济情况进行再加工。负责存储的设施必须提交省级行政长官签发的申报回执，核废料除外。根据它们的地下渗透性和管理模式，法规将废物的存储机构分成 3 类：其一，最终危险废物存储中心；其二，最终非危险废物存储中心；其三，物理性最终废物存储中心。污染活动总税适用于废物的存储。这种污染活动总税适用于所有自然人或法人利用家用和食物废物的存储设施或特殊工业废物的清除或储存设施。该税种依据重量向一个主体设施内的废物纳税主体收取。

（五）固体废物处理的管道系统监管

根据 2005 年 5 月 30 日 2005—635 号有关废物处理管道系统监管的法令，确定了实施废物管道系统管理的框架。该框架确立了废物管道系统监管的三大义务。

1. 废物注册的控制

危险废物的生产者，收集者、运输者、进口者、废物存储设施的利用者必须对有关废物的清除活动按年度进行注册。注册内容根据活动性质的不同有所区别，由 2005 年 7 月 7 日的决定加以明确。由运输和设施的利用所实施的非危险废物的处理的注册至少在 3 年内有效；其他类型的注册至少在 5 年内有效；危险废物的放置者或少量的收集者可免除注册义务。

2. 年度申报

环境保护分类设施的使用每年产生约 10 吨的废物，危险废物和放射性废物的处理设施，非危险或物理性废物的收货设施以及核基地设施必须向行政机构进行年度申报。

3. 后续清单排放

所有危险废物的生产者，危险废物的少量收集者，危险废物的加工及改造者，任何持有不知名的废物的生产者或提供给第三方的人，都必须附加一份后续排放清单。

（六）固体废物规划方法

根据 1995 年 2 月 2 日的法律，每一决策机关的管辖权限领域规定了 3 种不同层次的规划。第一，废物清除国家规划。废物清除国家规划由环境部做出，根据废物储存和处理的特殊性与危害性的程度进行废物分类。规划会向公众公示 2 个月，之后有可能根据相关意见进行修改。第二，特殊工业废物清除的地区规划。每一大区根据法律的规定，必须起草特殊工业废物清除的地区规划。根据 1996 年 11 月 18 日修改的 96—1008 号法令，确定了对这一类型废物管理的目标，规划的内容应当包括：预防废物增长所推荐采取的措施；废物清除的现存设施的清查；有关设施优先选择的列举；优先予以保留的部分等。规划的起草和修订必须进行环境影响评价。环境影响评价报告在通过之前必须向公众征求意见。第三，家用和食物废物清除的省级规划。根据 1996 年 11 月 18 日修改的 96—1008 号法令的规定，每一省必须进行家用和食物废物清除的省级规划，规划的内容主要为：废物清除的种类、数量、来源；清查涉及废物清除公法法人和他们的运营计划以及导向性文件；对具有优先性的事项进行说明，如为了保障高水平环境保护对废物的收集、挑选和处理以及建立新设施的计划；规定优先回收的来自家用和食物废物的终极废物存储中心；规定在这些废物存储中心的义务。

（七）固体废物的信息公开

根据经修改的 1988 年 12 月 30 日 88—1261 号法律的规定，每一个人都享有废物收集、运输、处理、储存以及这些活动对人类健康和环境造成不利影响和采取相关措施预防补偿这些影响的信息权。1993
年 12 月 29 日 93—1410 号法令确定了有关废物信息知情权的操作方
式。废物存储设施的使用必须提交建立的授权文件，文件的内容应包
括：①包含该设施已设计的适应废物处理的多样分类设施介绍文件；
②已批准的环境影响评价报告；③基于环境保护分类设施和废物立法
框架的目标而建立的设施的决策参考；④在设施运作模式显著改变的
情况下，来自以前年度废物处理的数量和性质和对本年度的预计；
⑤向大气和水中排放的相关废气的成分和数量；⑥在设施运作情况
下，发生的事故与意外的成因和描述的分析报告等。根据环境法典
125—5 条的规定，省长可发布决议以建立地方信息与监督委员会，该
委员会的目标旨在推动就提出在其管辖权范围内由废物管理所产生的
对环境和人类健康影响的有关问题的公众信息公开。

三　瑞典固体废物资源化的政策与法律

在瑞典，固体废物问题处于欧洲的中等水平，不过也处在快速增
长过程中。1990 年瑞典国内产生的生活垃圾数量为 2700 万吨，人均
320 公斤。工业固体废物接近 4900 万吨，其中危险废物大概 20 万
吨。[①] 但到了 2007 年，其产生的生活垃圾已达到 4700 万吨，人均为
514 公斤。2008 年，瑞典全国产生的非有害固体废物达到 9560 万吨，
矿业固体废物 6200 万吨，其中来自采矿业的有 5900 万吨，建筑行业
产生 220 万吨。

从 1985 年到 1991 年，城市生活垃圾中的纸张和玻璃的回收率分
别从 45% 和 15% 上升到 60% 和 40% 以上。可见，瑞典在固体废物资
源化的过程中，政策起到了很显著的效果。但是，瑞典仍然对垃圾的
焚烧处理过度依赖，1992 年，超过 50% 的城市生活垃圾都是由分布
在全国的 21 个热能回收设施焚烧处理的。

在立法方面，瑞典针对固体废物管理制定了如下法律：①1972 年

---

① Philip Shepherd, *Environmental Legislation and the Regulation of Waste Management in Sweden*, Office of Scientific and Technical Information（OSTI）（https://www.nrel.gov/docs/ legosti/old/7976.pdf）.

的《清洁法》和《清洁法的实施办法》，该法规定了城市生活垃圾的收集和清运；②1990 年的《废物法案》，该法案反映了从 1988 年以来的固体废物管理政策目标：废物对环境造成负担，生产者必须承担起相关责任，包括经济责任；产品必须尽可能干净，产品中的有害物质和废物应当减少；从废物流中重复使用和循环使用废物的比例应当提高；最终处置固体废物应当以环境友好的方式来进行。

（一）生产者责任制度

瑞典于 1994 年确立了生产者责任制度，并通过了关于包装、轮胎和废纸"生产责任制度"的法律，规定产品在被最终消费以后，生产者应对其继续承担有关环境责任；消费者则有义务对废弃产品及包装按要求进行分类，并送到相应的回收站。回收物涉及的范围从最初的产品包装，扩大到废纸、轮胎、包装、汽车、电子电器产品和铅酸蓄电池。这一规定不仅使废物在瑞典实现了最大程度的循环利用，由此还产生了一批新型废物回收利用企业。

（二）押金制度

瑞典的《特定容器回收法》（1991 年）第 5 条和《铝制饮料瓶回收利用法》（1982 年）第 1 条均对押金制度作了明确的规定，通过强制性的措施，使消费者缴纳玻璃或塑料等容器（包装物）的存款或押金，以促进消费者退回或循环使用这些容器或包装物。

（三）有毒有害废物管理制度

瑞典在有毒有害废物管理方面的法律法规主要有：①《有毒有害废物管理条例》（又称《危险废物条例》，1985 年），该条例专设第二章规定了废物产生者提供信息的义务，足以看出该国对信息公开的重视；②《有毒有害废物进出口条例》（又称《危险废物进出口条例》，1982年）；③《有害于环境的电池收费法》（1990 年）；④《有害于环境的电池管理条例》（1989 年）。

控制有害废物的主要法律手段有：一是规定产生有害废物者提供有关信息的义务。二是通过征收费用，支持有害废物的管理。三是加强依法监督管理和审查。四是强化法律责任，使违法者受处罚。几乎在所有的废物管理法律法规中，均有法律责任条款，只要违反法律规定，都要受到法律制裁。在《有害于环境的电池收费法》和《有害于环境的电池管理条例》中，要求电池制造者、生产者或进口者必须依该条例所规定的方式和要求，实施明确的标识。消费者有义务将使用过的有害电池与居家废物分开，不得一并贮存，并按规定送到接受方或地方机构指定的地点，地方机构负责有害电池的转移和最终处置。

（四）关于可燃废物和有机废物的特别规定

瑞典环境法规定，可燃废物必须单独进行储存和处理。2002 年 1 月 1 日以后不得填埋可燃废物，而应回收利用其能量。2005 年 1 月 1 日以后禁止填埋有机废物。

四　荷兰固体废物资源化的政策与法律

荷兰是一个国土面积不大，人口密集的国家。固体废物的处置需要严格地采取预防原则。因为很大一部分的国土非常平坦，且处于海平面以下。所以，以填埋方式处置固体废物就必须尽可能地减少。①

（一）《填埋禁止令》

在荷兰，垃圾废物填埋是较少采用的处理方式。荷兰制定《填埋禁止令》就是为了减少和限制利用填埋方式来处置垃圾废物，尤其是限制和禁止可回收利用废物及可生物降解垃圾的填埋。这部法令不仅限制了荷兰的垃圾填埋方式的利用，也为推进废物的回收与再生利用创造了前提条件。在荷兰，进行垃圾废物的填埋，政府需要征收高额税收（填埋税）。除了填埋禁令，为了使填埋费用比其他处理方式（如减量化、分类收集、厌氧发酵、焚烧等）的费用高，1996 年引入了填埋税。2000 年 1 月提高了填埋税额，2002 年 1 月又增至每吨 19 欧元。这么高的填埋税也表明将可以回收的垃圾进行填埋处理是不经济的。为筹资分类收集、回收和处理垃圾，保护环境，从 1990 年起引入地方垃圾税，目前地方垃圾税已增长了两倍多。荷兰还对垃圾填埋场的设施建设制定了严格的标准，对垃圾填埋场的场地基础处理、

---

① L. J. Brasser, "Solid Waste Disposal in the Netherlands", *Journal of the Air & Waste Management Association*, Vol. 40, No. 10, 1990.

底层密封防渗、填埋气体疏导、安全作业、最终覆土和填埋场封场后的远期规划用地等都做了严格的规定。

（二）废物管理法案

2000年11月，荷兰议会还通过了一项修订废物管理法案的议案，这个议案已经在2002年付诸实施，其对推动荷兰废物管理和处理处置的健康发展起到了很好的作用。在荷兰修订的废物管理议案中，强调废物预防，即尽可能地避免废物产生和减少废物产生量。这个侧重废物前端治理的管理理念，与欧盟法令的要求和各成员国的废物管理战略一致，也是荷兰废物管理制度的重点之一。现在荷兰为加强欧盟废物管理立法的贯彻力度，推进本国废物综合治理进程，对废物管理法律及政策进行了大幅度的调整，其调整的重点就是进一步鼓励和提倡废物预防（避免和减量）。据统计，荷兰家庭生活垃圾产生量已经出现减量化的趋势。

（三）城市生活垃圾的管理

荷兰在欧盟废物管理政策中遥遥领先，而且或多或少地影响着欧洲的政策制定。在过去的几十年间，大量的物质消费导致处理、处置废物的物理空间变得更少，而且，还会伴随着环境的恶化。这些都让荷兰政府必须尽早采取措施减少填埋垃圾。荷兰的废物管理主要是受到名为"兰斯尼克的随从"（以1979年荷兰下议院不匿名通过的动案的提出者命名）政策的影响。该政策于1994年被纳入荷兰立法，并且还被引入《欧洲废物框架指令》当中，成为废物分级的标准。最基本的分级原则为：在有利于环境的前提下尽量避免废物的产生、回收废物中有价值的原材料、通过焚烧获得能源、填埋最后剩余的部分。

1997年，一项决定将废物管理的职责从地方收到了中央，相关的职能从省级转移给了中央政府。这一变化是由2002年《环境管理法》修正案的颁布而导致的。《环境管理法》规定住宅、空间规划和环境部每六年就必须编制一份废物管理计划。该计划的主要目标为限制废物产生量的增长、减少废物对环境的影响（优化回收和再利用）以及减少产品链对环境的影响（原材料开采、生产制造、使用和废物管理）。荷兰政府采取多种混合措施，目的就是提高一般物质和有机物的回收利用水平。这些措施包括以下两点。

（1）《包装物和纸板管理办法》于 2005 年生效，目的是提高生产者的责任，尽可能地加强对可回收利用的物质的回收利用率。

（2）2009 年，出台了第二个国家废物管理规划（2009—2015），并将其宗旨从 2015 年扩展至 2021 年。第二个国家废物管理规划主要是基于第一个规划的修改之上，并提出了一系列的量化指标，以便中期或短期内实现。其中显著的指标之一就是到 2015 年，生活垃圾的回收率应当提高到 60%。

五　英国固体废物资源化的政策与法律

（一）英国固体废物管理立法的历史沿革

英国关于固体废物管理立法的历史可以追溯到 1388 年理查德二世制定的《清理罚没物废物法》。但是，立法者直到 19 世纪都没有有意地制定环境法，或者将废物管理法当作环境法的一部分。这是因为法庭在法律制定中的统治地位。这种情形直到 19 世纪中期才结束，立法的权利被转移到议会。英国第一个以环境保护为目的而非保障公众健康为目的的废物管理立法是 1974 年颁布的《污染控制法》，这部法第一次规定了在土地上处置固体废物的法律条款。这些规定后来被合并到 1990 年颁布的《环境保护法》。

在《环境保护法》颁布实施之后，英国为了实施欧盟的一系列指令，制定了相应的立法来实施欧盟的固体废物政策。其中一个典型的例子就是为了实施欧盟的《填埋指令》中的行政控制手段而于 2002 年制定的《英格兰和威尔士填埋条例》，以及 2003 年为了实现指令当中将可生物降解的固体废物从填埋方法当中移除之目标而制定的《废物和排放交易法》。

（二）一体化的固体废物管理

固体废物的处理、处置从大规模地随意丢弃垃圾演进为复杂的包含一系列选择的管理。这些选择包含了再使用、循环利用和复杂的填埋技术以及大量的先进生物处置和热处置。就这一点而言，只有通过一体化的固体废物管理模式，才能达到有效的系统管理，获得固体废物的高回收利用率。一体化的固体废物管理常常被认为是使用多元化的管理措施，而非仅仅采取单一的管理措施。为了适应一体化固体废物管理的需要，许多英国的地方政府采取了私人资助行动（Private Finance Initiative，PFI），以投资在大规模的现代化固体废物处置设施上。希望这些新的固体废物处置设施能和现有的基础设施一起实现固体废物一体化管理的目标。

同时，英国政府还采取了一系列的战略废物管理评估措施。每个评估针对英格兰九个规划区域中的一个区域，而威尔斯地区则独立采取一个评估。这些文件详细地描述了每个地区固体废物产生的类型、数量、流动及其管理。英国环保署设计这些措施的目的是帮助各地区的利害相关人发展出一套一体化的可持续固体废物管理政策。

（三）固体废物与资源行动项目（Waste and Resources Action Program）

回收利用被定义为将那些即将进入固体废物流当中去的碎片、垃圾和废料等进行资源恢复的系统，以使得这些材料对社会有用。英国在2001—2004年实施了一个名为"固体废物与资源行动项目"（Waste and Resources Action Program）的活动，其目的是推动固体废物管理的可持续发展，创造稳定和有效的再生资源与产品的市场。该项目的运行包含了市场的供需双方。为了实现固体废物与资源行动项目的目标，该项目被分成了七个子项目，这些子项目让所有的利益相关人都能融入进来，包括刚刚形成的英国市场发展网络（UK Market Development Network）。在这七个子项目当中，有三项与市场发展的一般领域相关，即金融机制、采购和标准。①金融机制。这是一项与投资有关的项目，固体废物与资源行动项目优先提高回收利用者与潜在投资者之间的联系。②采购。项目激励公务部门和私人部门优先采购回收利用的产品和材料，建立起一套稳定的固体废物供给和反馈渠道，并优先推动城市生活垃圾收集。③标准。该子项目的工作主要针对再生资源达到和原生材料一样的标准，能被使用在相同的目的之上。并且发展出了一套标准体系。

第二节　美国固体废物资源化政策与法律的发展

美国为联邦制国家，联邦与州政府分权。为了满足因地制宜的要求，城市固体废物的管理工作都是由州政府依照实际情形，自行制定与城市固体废物相关的规范和管理制度。

一　"固体废物"的定义之争

尽管美国联邦政府对于固体废物的管制发展得相当缓慢，但在固体废物的严重问题的压力下，不得不寻求改革之路。民主党参议员鲍克斯（Max Baucus）在 1991 年 5 月提出的关于《资源保护和回收法》的修正法案[1]反映出美国关于固体废物资源化的争论。表 3-1 是美国固体废物资源化政策与法律发展过程中在"固体废物"定义问题上所发生的重大事件。[2]

表 3-1　　　　　　　美国"固体废物"概念在立法上的发展

1976 年	《资源保护与回收法》颁布实施
1980 年	颁布《危险废物管理体系：危险废物识别与危险废物名录》，该规范的颁布直接导致对回收材料议题的延迟。回收的次生材料被视为废物进行管理
1985 年	颁布《危险废物管理体系：固体废物的定义》，该规范明确了美国环境保护署在危险废物回收利用方面的管辖权，并在权限范围内为回收利用行为建立了管制机制
1987 年	美国矿业议会诉美国环境保护署案，该诉讼对次生原材料的再使用和回收利用的法律规范方面提出了异议。法院的裁决支持了矿业议会提出的"固体废物"的概念应当被严格地限制在被丢弃的物质之上；而环境保护署的定义则与之刚好相反

---

① 该法案尝试建立新的固体废物管理政策之优先顺序：首重废弃物来源减量，次重废弃物资源回收，再次为废弃物之处理、掩埋，最后始为焚化。

② Paul G Gosselink，"Solid Waste Update"，*Texas Environmental Law Journal*，Vol. 1，2009.

1990 年	美国汽油研究所诉美国环境保护署案，该诉讼中的争议是环境保护署要求"高铅" K061 应当被当作高温金属来回收。法院认为环境保护署没有这个职权去作出此规定，因为它既不是"被丢弃的"，也不再是"固体废物"
1990 年	美国矿业议会诉美国环境保护署案，该诉讼的争议仍旧是关于"被丢弃的"的定义问题。环境保护署因为污泥是废水的沉积产物，并会对周边居民的健康造成威胁，因而认定污泥是"被丢弃的"。而法院则认为环境保护署对"被丢弃的"的解释虽然与《资源保护与回收法》的立法目的保持一致并具有合理性，但仍然在其作出拒绝诉愿的裁决中最终裁定其与所依赖的数据之间缺乏合理的关联
1998 年	《土地处置限制规程四——最终规定》（简称《规程四》），该规定提供了特定的标准，以分辨采矿业中的次生原材料哪些是固体废物
2000 年	电池回收业协会诉美国环境保护署案，该诉讼对环境保护署《规程四》中固体废物的定义提出了异议。《规程四》定义固体废物的目的在于规制那些工业生产中的废物副产品，但却对某些未来可以回收利用的物质构成了限制。所以法院要求环境保护署对固体废物的定义作出限制，防止大包大揽地扩大适用范围
2002 年	危险废物管理体系；固体废物的定义；有毒物质特征（最终规定）
2007 年	安全食品与肥料公司诉美国环境保护署案，该诉讼大的争议焦点在于《资源保护和回收法》第 3 条不应当被适用在制造锌肥料的回收利用物质上。法院的最终裁决在把议题缩小到环境保护署选择的关于铬的安全水平问题的基础上，不予支持原告的司法审查的诉求
2008 年	固体废物的定义（最终规定），最早于 2003 年起草，2007 年补充

　　通过表 3-1 我们可以发现，在美国固体废物资源化的过程中，关于固体废物的定义直接导致了资源化的厂商与管制机构之间的争议。所以，经过几十年的争论，美国最终出台了对固体废物的定义。

二　美国固体废物资源化的主要法律

　　随着城市固体废物种类的复杂化和数量的急剧增加，美国联邦政府于 1965 年制定《固体废物处置法》（*Solid Waste Disposal Act*），并于 1980 年加以修正。该法规定联邦政府需提供经费资助州政府有关城市固体废物的研究与规划，并授权卫生教育及福利部门提供州政府对于城市固体废物管理的指导。[①] 另外，作为对 1965 年《固体废物处置

---

① 许富雄：《废弃物资源回收之现况与展望》（www. ntpu. edu. tw/law/paper/07/ 2002a/9171205b. pdf）。

法》的一个重要修正的法律——1976 年的《资源保护与回收法》（*Resource Conservation and Recovery Act*），在废油资源化活动的法律控制方面做了努力。与欧盟的固体废物管理体系中可持续发展理念的践行相比，美国的固体废物管理主要是依靠赋税支撑的公务部门。1976 年的《资源保护与回收法》是在联邦层面上最主要的管理固体废物的法律。虽然《资源保护与回收法》的重点并不在于城市固体废物而是危险废物，焚烧也是这些项目中的重要处置手段，但是，美国在固体废物资源化方面也有自己的行事方式。废油可以算是一个特例，与德国废物管理法的规定相类似，美国国会在将废油的法律管理加入国家废物管理日程表中做了努力。[1] 不过，该法所采取的严格与强制措施主要针对的是在美国的辖区内进行的有害废物的处理、处置，而对出口固体废物的管制却不怎么严格，这就导致了美国大量的电子废物出口到国外。在这种情形下，美国政府颁布了名为《国家计算机回收法》的法律。该法要求美国环保署建立一个管制体系，以经济刺激的方式，促进城市居民和商业机构开展电子废物回收利用的活动。[2]

另外，由于城市垃圾的数量一半以上来自商业、学校和政府机关，一些州政府立法要求社会机构把可资源化的固体废物单独分开处理；在其他州，处置禁令和其他法规也要求社会机构回收。当发现合适市场的时候，许多商业部门能够进行持续的有利可图的资源化活动。[3] 美国废物资源回收政策中最重要的是再生原材料市场开发问题。在这方面，美国的做法与欧洲及其他一些国家、地区有着明显的不同（这些国家、地区以回收率目标的达成为首要控制手段）。[4] 美国再生

---

[1]　James E. Donnelly, "Numbers Never Lie, But What do they Say? A Comparative Look at Municipal Solid Waste Recycling in the United States and Germany", Georgetown International Environmental Law Review, Vol. 15, 2002.

[2]　Hsing-Hao Wu, "Legal Development in Sustainable Solid Waste Management Law and Policy in Taiwan: Lessons from Comparative Analysis Between EU and U. S. ", *National Taiwan University Law Review*, Vol. 6, No. 2, 2011.

[3]　刘朝：《美国固体废物的资源化》，《再生资源研究》1995 年第 5 期

[4]　汤德宗：《废弃物资源回收制度改进之研究》，台湾"行政院"研究发展考核委员会 1997 年编印，第 306 页

原材料市场的开发与政府采购政策相配合，即以法律规定政府部门带头采购一定比例的再生原材料，并修改契约格式，增进再生原材料的流通。

三　美国固体废物资源化的法律制度

美国的固体废物资源化法律制度研究在全球范围内一直处于领先水平，具体到实践当中，各种规制方法在固体废物资源化的政策和法律领域内都得到了充分的利用，为其他国家的相关政策制定和立法提供了镜鉴。

（一）生活垃圾分类制度

美国的生活垃圾分类回收方式有：建立在路边的资源垃圾收集系统、投放中心回收方式、商业网点回收方式、街头大型集装箱分类回收方式。地方政府通过以上方式回收垃圾并向居民收取垃圾处理费。如在美国一些城市的超市、商业区、慈善机构、综合公寓、指定场所等地都设有资源垃圾投放中心，居民可将资源垃圾送到投放中心。

（二）抵押金返还制度

主要是针对饮料用容器实行押金制度。不是所有州都实行押金制度，实行押金制度的州仅占全美的20%左右。美国的押金制采用的方式有逆流通方式、收集站点方式及回收中心方式。

（三）环境罚款、奖励制度

如旧金山市政府采取了一种鼓励方式，把收上来的可再生资源垃圾卖掉后得到的钱按照区域的可再生资源垃圾收集量平均分给每户家庭，以抵消居民下一次的垃圾处理费，这样可以减少各家各户的垃圾处理费用，提高居民参与垃圾分类的积极性。

（四）有毒物质的管理制度

（1）化学物质告知制度：对新化学物质实行制造事前告知制度，并要求评估其对人体健康和环境的有害性以及暴露的可能性，已列入"现有化学物质名录"的化学物质需报告制造或进口的数量。

（2）化学物质的风险评估：风险评估的主要任务包括：识别组织面临的各种风险；评估风险概率和可能带来的负面影响；确定组织承

受风险的能力；确定风险削减和控制的优先等级；推荐风险削减对策。

（3）推广绿色化学概念：绿色化学是指在制造和应用化学产品时应有效利用（最好可再生）原料，消除废物和避免使用有毒的和危险的试剂与溶剂。

第三节　亚洲国家及地区固体废物资源化政策与法律的发展

一　日本固体废物资源化的政策与法律

日本是一个岛国，资源匮乏，绝大部分资源依靠进口。如果国际上资源供给发生任何"风吹草动"，其资源就会吃紧。因此，日本政府正在尽最大努力减少对进口资源的依赖，将废物转化为可利用的再生资源，进而建设一个"资源—产品—再生资源"的循环型社会，已经成为日本的国策之一，即从一个以"大量生产、大量消费和大量处理"为基础的社会转变为一个循环的社会。在这个社会里资源的消费和对环境的影响通过有效使用和物质循环达到最小，开始于生产阶段，继续通过销售和消费阶段，最后达到处理阶段。[①] 于是，日本政府提出建立循环型社会，而《循环型社会形成推进基本法》是建立循环型社会的基本法。它于2000年4月14日由日本内阁会议通过并送国会批准。其结构为总则、建设循环型社会的基本计划和建设循环型社会的基本政策，共计3章32条，系统地规定了循环型社会的概念、基本措施、基本要求、有关建立循环型社会基本计划的制订以及政府、地方公共团体的对策等。这部法律对构建和统一循环型社会法律体系起到了重要作用。此后，《废物管理法》的修正案、《资源有效利用促进法》的修正案、《促进包装容器的分类收集和循环利用法》

---

① 国家环境保护总局污染控制司：《固体废物管理与法规——各国废物管理体制与实践》，化学工业出版社2004年版，第141页。

《特定种类家用电器再生利用法》《建筑材料再生利用法》和《食品废物再生利用法》等一系列法律出台与修订，构成了 21 世纪日本固体废物资源化政策法律的基本框架。

（一）废弃家电回收利用制度

根据《特定种类家用电器再生利用法》的规定，家电制造商和进口商对电冰箱、电视机、洗衣机、空调器四种家电有回收的义务和实施再商品化的义务。具体回收利用率为空调 60% 以上、电视机 55% 以上、冰箱 50% 以上，洗衣机 50% 以上。在规定时间内，生产企业若达不到上述标准将受到相应处罚。

同时，消费者也必须为废弃家电的回收利用承担费用。处理费为：冰箱 4600 日元、空调 3500 日元、电视机 2700 日元、洗衣机 2400 日元。消费者在废弃大件家电时打电话给家电经销商，由它们负责收回废弃家电。全日本有包括 5500 家大型商店在内的 80000 家电器商店，这些商店有义务将接受的旧家电移交给指定的收集点。消费者可以将旧家电交给销售电器的商家，或在购买了替代电器后交给新家电的销售者，这些销售者有义务接受并集中起来，送到由家电生产厂家出资设立的"废弃家电处理中心"，将其分解，按资源类别进行循环利用。在 190 个指定的收集点，它们各自有 37 套处理设备。家电生产厂家有义务按照法律指定的标准实施再商品化。

（二）建筑材料的全过程控制

《建筑材料再生利用法》针对废弃建筑材料的减量化、资源化和再利用制定了全过程的管理制度。

（1）设计阶段的措施：对新建筑要考虑尽可能延长寿命，对改造、修建建筑要设法延长寿命，可采取以下措施：①用高耐火性的材料和部件，尽可能减少使用期更换和检修；②按材料的规格尺寸采用标准构件设计系统，以减少部件制造时产生的废物；③尽量采用容易维修、更新的部件和材料、设备，并采用非焊接的嵌合连接方式，以利更换和解体；④尽量使用易处置的无毒物质等。

（2）新工程的措施：针对不同的发生源采用对应措施，如简化打捆包装方式，以保证安全使用为限；采用预装配部件提高临时用材质量以减少废物；采用预制构件和改用金属塑料制模板以减少木制模板废物，加强零星废物的回收利用等。

（3）解体工程和措施：首先把减少废物和有利分类回收利用作为解体工程的指导方针，并采取合适的解体方式。而且在计算解体工程费用时应对再生利用率高低带来最终处置费用的变化统筹考虑。

（4）政策、法规措施：建设省（现国土交通省）于 1994 年即制定了推动建设废物再生的四项行动指针：①改进设计大力减少建设废物；②工程间开展信息交流以促进建设废物再生利用；③对再利用困难的废物应适当处理；④积极开发再生利用技术。1999 年又公布了促进分类再生战略课题的"建筑解体废物再生项目"：①从设计、计划阶段即抑制建设废物发生的对策；②促进分类解体；③明确再生利用的责任和完善再生设施；④建立促进公共事业部门利用再生产品的体制和加强信息交流系统建设。

（三）垃圾分类处理

日本对垃圾全部实行分类收集与处理。日本政府颁布的《循环型社会白皮书》中，鼓励国民积极参与环境保护，教育国民保护环境必须从自我做起，并从根本上改变观念，不再鄙视废物，将废物视为有用资源，对废物进行分类。家庭、企事业单位以及街角车站等处都设有垃圾分类收集箱。另外，在垃圾分类处理设施建设方面，日本要求在粗大垃圾分拣及处理场中分列堆放着铁、铝、塑料、轮胎等垃圾，并分别予以再利用处理。废旧电池单独回收，在北海道设置了废电池处理厂，对来自全国的废电池进行统一的处理和资源回收。

二 韩国固体废物资源化的政策与法律

韩国的矿产资源种类繁多，但是有开采价值的数量却很少，工业原料主要依靠进口，自产的工业原料约占到总需求的 10%。1994 年，韩国的城市生活垃圾主要以填埋为主，大约 81% 的垃圾以填埋的方式处置，3.5% 的垃圾以焚烧方式处置，其他 15% 左右的垃圾被回收利用。近年来，韩国通过采取种种政策措施和法律，提高了垃圾回收利用率，以弥补国内资源的短缺。到 2014 年，城市生活垃圾当中

15.6%被填埋处置，59.1%被回收利用。这样的转变得益于韩国实行的一系列固体废物资源化政策和法律。

（一）固体废物减量化

1. 控制使用一次性用品

该制度既包括控制一次性用品的使用而减少垃圾发生量的减量化制度，也包括质的减量化，如减少合成树脂废物引起的环境影响和谋求环境亲和材料的开发。该制度主要限制商场、饭店、公共浴室和其他销售与消费场所的一次性产品的使用，限制的产品包括一次性杯盘、容器、剃须刀、牙刷、牙膏、洗发水、护发素、塑料袋和塑料桌布。

2. 控制产生包装废物

韩国鼓励尽量使用可再利用的包装材料或环境亲和材料，控制使用难以再利用的包装材料。韩国针对包装废物主要采取标准控制和分类标志制度。第一，对包装材料进行限制，过度包装属违法行为，厂商如果不依照政府规定减少产品的包装比率和层数，最高会被罚款300万韩元。第二，根据包装不同的材质和用途，对塑料类包装、金属类包装、纸制包装分别设计不同的回收标识。分类标识系统使消费者易于分辨强制回收包装物，并分别投放。生产者被强制要求在要求强制回收的产品和包装上做分类投放的标记。不属于强制回收的产品和包装应当特别指明分类回收。

3. 生活废物——垃圾从量制

从1995年1月1日开始实施的垃圾从量制，是指生活废物排放者通过购买和使用各种规格的、规范的从量制垃圾袋来承担其所排出废物的收集、运输、处理所需费用的制度。垃圾从量制依据《废物管理法》第13条第1款的规定，适用于生活废物管理地区，适用对象是生活垃圾及商业场所中与生活垃圾类似、可以以生活废物的基准及方法收集、运送、保管、处理的废物。依据《废物管理法》的规定，生活废物的收集、运送、处理过程中必要的回收费用由排出者负担，即该制度要求居民对排出的废物负社会责任和经济责任，以减少丢弃和实现资源的回收利用。

4. 企业废物减量化制度

该制度主要是针对《〈废物管理法〉实施令》第 7 组规定的纤维产品制造业等 14 种行业，每年排放 200 吨以上指定废物的事业场及每年排放 1000 吨以上指定废物以外废物的事业场必须遵守废物减量指南的义务。有关企业必须制订减量排放计划，政府对其进行定期检查，保证减量计划的完成，并针对减量排放成绩突出的企业给予奖励，针对业绩差的企业，提供技术指导，从源头上抑制企业废物产生及引导再循环利用。

5. 有害废物——废物负担金制

该制度是对生产和进口含有有害物质，难以再利用、很有可能导致废物管理问题的厂商征收一部分处理其废物所需费用的制度。该制度规定对杀虫剂容器、化妆品玻璃瓶及防冻液、口香糖、婴儿尿不湿、香烟、塑料制品征收一定数额的"负担金"，用于改善环境和废物处理，并借以控制排放、减少资源浪费。"负担金"数额按品种及规格来确定，如杀虫剂容器，500 毫升以下每个收 7 韩元，超过 500 毫升的每个收 10 韩元；防冻液每升收 30 韩元；合成树脂制品每公斤收 3.8—7.6 韩元。逾期不缴者追加 50% 的罚金，倘若企业自行回收再利用，则免收"负担金"。所征收的废物负担金，由国家进行专门管理，用于废物再利用事业的扶持、废物处理设施的维护，学术研究及技术开发，地方自治团体的废物回收、再利用及处理等事项。

(二) 固体废物再利用责任制

生产者延伸责任制度是推动企业减少固体废物，并对产生的固体废物再使用和循环利用，以此建立资源循环型经济和社会的制度。为了应对固体废物处置制度中的短板，1992 年韩国实施了生产者延伸责任制度，随后于 2002 年修订了《促进资源节约与循环利用法》。[1] 其核心内容就是把生产者的责任从产品的生产阶段扩大到产品消费以后

①　Chung S. W，R. Murakami-Suzuki，"A Comparative Study of E-waste Recycling Systems in Japan，South Korea and Taiwan from the EPR Perspective：Implications for Developing Countries"，in Michikazu Kojima ed.，*Promoting 3Rs in Developing Countries：Lessons from the Japanese Experience*，Chiba：IDE-JETRO，2008，p. 21.

所发生的最终废物的再利用和最终处理阶段，也就是给定生产者一定数量的再利用义务，如果生产者回收和循环利用的废旧品达不到一定比例，政府将对相关企业课以罚款，罚款比例是相应回收处理费用的1.15—1.3倍。

该制度业务流程如下：第一步，产品及包装产品的生产者提交出厂量；第二步，环境部长官根据各道、市的再利用条件等，与各相关业界和相关管理部门协商，决定和告示各个产品的再利用率；第三步，决定个别再利用义务生产者的再利用量（当年的出厂总量×再利用义务率）；第四步，提交再利用义务履行计划书（1月末或第一次出厂及进口发生之日起30天以内）；第五步，履行再利用义务；第六步，提交再利用义务履行报告书；第七步，对没有履行再利用义务的企业，根据其数量征收相当于再利用费用的115%—130%的罚金。

一般采取三种形式回收和处理废物。第一种形式是生产单位自行回收和处理废物，回收处理费用自行负担，废物循环利用的效益自享；第二种形式为"生产者再利用事业共济组合"，也就是生产者将废物回收处理的责任转移给从事这类活动的合作社，依据废物的品种，论重量交纳分担金；第三种形式是生产单位与废物再利用企业签订委托合同，按废物的数量交纳委托金，由后者负责废物的回收和处理。目前，韩国80%—90%的生产单位采用第二种形式回收和处理废物。

废物相关行业分为废物收集及运输业、废物中转处理业、废物终端处理业、废物综合处理业四类，并根据不同行业设立了不同的从业许可和营业范围。韩国还成立了一家名为"环境资源公社"的公营企业，专门负责管理和监督废物再利用责任制的实施。"资源再生公社"依据有关管理章程，通过抽查和现场调查等形式，堵塞废物循环使用中的漏洞。如果生产企业违反"废物再利用责任制"，将被课以最高100万韩元的罚款。韩国环境资源公社于2008年10月专门成立了废物能源小组，全力支援国家废物能源化事业以及地方自治团体推行的废物能源资源化设施设置工作。

2008年，韩国通过了《电子电器设备和汽车资源循环法》，之前属于生产者延伸责任分类当中的电子电器设备被移到了本法规制范围当中，以此进一步将电子电器设备当作有害物质来加强管理。①

三　新加坡固体废物资源化的政策与法律

新加坡是个国土面积狭小，人口密集并且气候炎热、潮湿的国度。这样的地理和气候条件让新加坡很容易爆发传染性疾病。随着经济的快速发展和人口的急剧增加，废物处置的压力日渐增大。为此，新加坡政府不得不采取措施来应对这一问题。

（一）废物管理相关立法

新加坡的固体废物管理传统上是由环境部主管。应对固体废物问题的立法主要是 1999 年 4 月 1 日生效的《环境污染控制法》。这是一部将大气污染、水污染和废物放在一起的综合性立法，其中还包括了《环境公众健康法》以及在此法之下颁布的各种条例，如《环境公众健康（公共清理）条例》《环境公众健康（有毒工业废物）条例》《环境公众健康（一般废物收集）条例》以及《环境公众健康（集体公众秩序）条例》等。② 在《环境公众健康法》当中，废物被定义为，"因为破损、耗尽、污染或其他需要被处置，且为实现本法之目的而被弃置或其他处理的物质或物品"。

（二）废物收集政策与方式

新加坡环境部于 1998 年针对废物收集出台了自由化政策，按地理区域划分，对区域内的废物收集服务采用招投标的方式逐步承包给私营企业。环境部负责对投标企业进行资格评定工作，评定投标企业是否具备专业技术、经验和资金。新加坡大约有 350 家私营持许可证的废物收集企业，并且都有自己的收集车队和多种收集服务。环境部作为管理者以《持许可证的废物收集企业行为规范》为基础制定了一系列指导方针来引导和约束企业行为。同时，环境部还监控企业的服

---

① Lee J., Song H. T., Yoo J. M. "Present Status of the Recycling of Waste Electrical and E-lectronic Equipment in Korea", *Resources, Conservation and Recycling*, Vol. 50, No. 4, 2007.

② Renbi Bai, Mardina Sutanto, "The Practice and Challenges of Solid Waste Management in Singapore", *Waste Management*, Vol. 22, 2002.

务质量和审核企业制订的服务价格。对于家庭来说，服务费是以户为单位收取的；而对于非家庭来说，服务费是以废物体积为基准收取的。

新加坡采用了几种不同的废物收集方式。直接收集法是一种劳动密集型和时间密集型的方法，是挨家挨户地进行废物收集，主要应用于住宅区和店面商铺。直接收集法有两种操作形式：一种用于老式高层公寓住宅，废物被收集在公寓楼的地下室里的垃圾箱中。这些垃圾箱需要人工转移到大型垃圾收集箱，然后运往废物处理站。另一种直接收集法是1989年后建造的新型公寓住宅的中央废物专用收集槽系统（CRC）。住户可以直接把生活垃圾倒入各自公寓楼的一个公共倾倒口，废物通过收集槽进入中心垃圾收集箱，然后用小型机车送入每个公寓住宅区的中心垃圾收集室，把中心垃圾收集箱转移到运输卡车。CRC系统极大地提高了生活废物的收集效率，有效地控制了废物在收集和运输过程中产生的气味和渗滤液问题。大部分废物收集承包商采用两班制，在非交通高峰时间进行废物收集作业。为了提高新加坡东部地区废物收集工作的效率，收集的废物先集中在中转站，然后运往新加坡西部Tuas焚烧厂。随着公路网的不断拓展，大容量废物运输车去焚烧厂将更便利、更经济。政府于2001年7月关闭了废物中转站。环境部要求各个废物收集承包商把废物分成可燃和不可燃两大类，便于后续焚烧和填埋处理。

（三）废物减量化政策

废物减量化被置于废物分级的最高层级。废物减量化由两个部分组成：源头削减和循环利用。源头削减被认为是最应该采取的减少废物产生量的措施；而循环利用则能有效地帮助保存资源并减少物质进入废物流。在新加坡经济发展的早期（20世纪60—70年代），废物被分拣，以便回收其中可被回收利用的物质和可被再利用的产品。这样做的原因更多地是为了经济原因，而非环境保护。快速工业化和持续的经济增长提高了大多数居民的生活水平，这就不可避免地造就了一个消费型社会。产品往往不具有兼容性且过度包装，由此产生了大量的废物。1992年，环境部建立了废物减量局，其主要职责是在全国范围内发展、推动和指导实施废物减量化政策。主要的政策如下。

（1）1993年，废物减量局与新加坡零售业协会共同组建了一个工作委员会，推动包装减量化。并且与新加坡酒店业协会、制造业协会、水果业协会等共同在相关领域开展废物减量化行动。一个成功的案例就是，新加坡港口局将其仓库产生的废物的40%进行了回收利用。

（2）绿色标志计划于1992年开始实施，其目的是在消费者当中推行绿色消费理念。使用再生原材料或产生较少废物的产品就可以申请使用该标志。此项计划的目的是提示和鼓励消费者选择更环保的产品，并帮助形成制造商生产绿色产品的市场诱因。到1999年，将近661种产品获得了绿色标志。

四　中国台湾地区固体废物资源化政策与法律的发展

近年来，中国台湾地区居民丢弃垃圾的数量随着生活水平的提升而相对地不断增加，从1989年每人每天产生约0.82公斤的垃圾，到1992年每人产生0.9公斤的垃圾，而都市区内更高达1公斤以上，每年以11.27%的增加率快速地增长。1992—1997年，增长率降为2.44%。而这些垃圾中包括六千万只废宝特瓶、十亿只铝罐、十三亿只铁罐等。[①] 这些垃圾都是具有可回收利用特性的固体废物。因此，中国台湾地区"行政院"环保署一直在积极推动固体废物回收利用的计划，并通过制定法律来推动固体废物资源化的政策在全台湾实施。从实施效果来看，1992—1997年的垃圾增长量较之前已趋于缓和，说明台湾地区的固体废物资源化政策和法律取得了一定的效果。以下简要介绍中国台湾地区固体废物资源化政策与法律的发展。

（一）废家电资源回收四合一制度

中国台湾地区环保署废物管理处于1996年推出资源回收四合一计划，该计划有三个目的：①消弭假造资源回收率之弊病；②公告回

---

① 刘翠溶：《论废弃物资源回收制度的演进》（http://www.ios.sinica.edu.tw/ios/seminar/sp/socialq/liu01.htm）。

收之资源物质得百分之百价购回收；③逐步实施垃圾与资源物质分车收集。① 计划的主要内容是，小区居民推广家庭垃圾分类回收，将废电子电器设备与其他家庭垃圾分类，再经由回收点、回收队或民间回收商，将可再生废物与垃圾分开收集，并对可再生废物进行有效回收再利用。回收商鼓励民间回收商参与。回收商参考基金管理委员会公告的补贴费率，按市价收购居民、小区团体、清洁队或传统回收网络的可再生废物。

地方政府将可再生废物与一般垃圾分开收集运输。由地方清洁队向居民收集可再生废物，变卖所得按照比例返回给参与的居民及工作人员。鼓励公众参与，提升服务质量。以回馈奖励制度鼓励居民小区参与回收，将资源回收工作与小区整体发展结合起来。环保主管机关制定"奖励实施资源回收及变卖所得款项使用办法"，原则规定：变卖所得至少30%应返回给参与回收的小区团体。

回收基金对民众提供回收奖励金及对清除处理业者提供回收及处理补贴费，以提高回收率，确保废家电回收量。针对民众回收废弃物的，采取奖励和教育双管齐下的做法，形成废物回收的良好社会风气。

但是，业界对资源回收四合一制度也存有三方面的疑虑：一是环保署开始订定的各项执行所需的管理办法有逾越母法之处，也有不合理或相互矛盾之处。二是在新的制度中，环保署的权力很大，但无责任，并不合理。民间回收费用基金不应规定为公共基金形态。三是资源回收监督机制完全纳入环保署，将民间办得好好的回收工作与基金管理再收回由政府执行，反而极可能造成效率降低的结果。②

（二）电子废物回收处理系统

回收点以 2.76 万家家电经销商为主，地方清洁队、旧货商、消费者及其他回收系统为辅，在其经销服务区域内通过新产品销售、售后服务及报废等渠道收集。经销零售商销售新产品时，消费者通常要

---

① 刘翠溶：《论废弃物资源回收制度的演进》（http://www.ios.sinica.edu.tw/ios/seminar/sp/socialq/liu01.htm）。

② 同上。

求将原有的报废家电运走，经销商可用送货车与人员顺便收回；另外各地方清洁队在废物清运时也可能遇到废家电，旧货商也可能收到废家电，个人或团体也可自行将废家电送至回收点。

地方依据报废量及运输距离选择最佳回收点，各回收点自行运至收集站，收集站需有约 50 平方米的贮存区，废家电需排列整齐，用垫板和置物篮分别堆放外形规则与不规则的废家电，以节省大型废家电所占空间及方便运输，待存放到一定数量时，该地方或其他地方的贮存、处理厂派车运走。回收的种类、数量以联单或上网报告给收发管理中心，作为贮存处理数量、各类费用发放支出及监督管理的依据。管理区的收集半径约 10 公里。地方收发管理中心由当地家电经销商会组成，负责监督管理回收报废电器数量及补助款项，与各地方收集点及贮存、处理厂上网及用联单取得联系，也可不定期清点其数量。环保主管单位及废家电回收处理基金会负有监督县市收发管理中心的责任。

地方处理厂主要负责废家电的拆解处理及最终处置。在对各地收集点运来的报废家电数量进行清点、递交联单后，送至贮存场存放，待处理厂进行拆解，分类回收处理，获得的铁、铜、塑料等可再生资源可卖给回收厂商或交由基金会统一标售。剩余无价值及有害的废物以规范的方式最终处理，或交基金会管理，统一招标交给合格的处理商采取安全固化填埋或焚烧等方式最终处置。

（三）电子废物回收处理费用机制

设在环境保护署的"资源回收管理基金管理委员会"负责专项基金的收取和拨付。电子电器生产者销售产品时，必须按照核定费率缴纳回收清除处理费，作为资源回收管理基金，支付与再利用和资源回收相关的费用。回收处理采取向生产商、进货商收费的方式，最终转嫁给消费者。

1. 回收处理费费率的审议

费率审议委员会负责费率的制定、计算及调整等，设置委员 15人，由环保及消费者团体的代表、学者专家、社会公正人士，政府机关、企业界及环保署的代表组成，前四类代表合计不得少于 8 人。审议费率时应考虑到：回收清除处理率、补贴费及奖励金额、稽核认证成本、基金管理费用等。

2. 回收处理补贴费的申请及费率制定

回收、处理企业应先取得资格认可才能申请补贴费。管理委员会制定回收废物的补贴费率、发放方式及对象时，要考虑到：废物的目标回收处理量；回收贮存清除处理成本奖励金数额；资源再生利用程度再生材料的市场价值及稽核认证成本基金的财务状况等。

3. 回收处理费的支付

基金的运用分为信托基金和非营业循环基金两部分。前者约占80%，向享有补贴资格的处理工厂支付资源化处理补贴费和给回收商的废物回收清除补贴费；后者约占20%，用于支付管理费用及补助回收渠道、研发技术等方面。

(四) 电子废物回收处理的信息报告和稽核管理

主管机关指定需要发布公告的一定规模以上的回收商、处理企业，应于每季度第一个月的 15 日前，将上季度的营运统计报表向登记机关报告。登记机关在办理回收商、处理企业的登记、变更登记、撤销或废止登记时，应通知基金管理委员会，并在每季度的月底前，汇总回收商、处理企业报告的回收、处理量，送往基金管理委员会备案。

稽核认证团体核查接受补贴机构下列情况：回收、贮存、清除、处理等作业程序是否符合回收废物的相应处理方法及设施标准；有关应回收废物的再生材料或衍生废物的数量，并根据其性质追踪其来源、流向、用途、运输里程、处理费用或其他相关数据；进货、生产、销售、存货凭证、账册等报表及其他产销营运或进出口数据，及应回收废物、再生材料、核心零部件及衍生废物的库存量等，以确认稽核认证量；应回收废物的稽核认证量；其他经管理委员会委托的有关稽核认证事项。

(五) 垃圾分类回收制度

根据 2003 年实施的"垃圾分类、循环、减量行动计划"，台湾地区居民必须将垃圾分为"资源垃圾、厨余垃圾和一般垃圾"，违者将被罚款1200—6000元新台币。台北相关政府部门提供垃圾收集服务，垃圾车由政府环境部门运营，每日下午4点半开始，市内共有180条与公交车路线类似的垃圾回收线开始运作。每条线路上分20个停车收集点，市民等垃圾车队来到，从家里拿出垃圾直接放到垃圾车及资源回收车上。

车队分资源回收车、厨余回收车、一般垃圾车等。市民对家里的垃圾必须按可回收和不可回收分类。可回收垃圾包括厨余垃圾和资源垃圾。资源垃圾分为纸、废铝废铁、玻璃、塑胶、干电池、日光灯管、光盘片、废行动电话共八类。厨房垃圾分为两类：生厨余、熟厨余（煮熟、含盐分的食品）。

可回收利用的资源垃圾由政府免费收集，不需要付费；不可回收垃圾主要是卫生间的垃圾或沾了污垢的各种塑料包装等，需要放入收费的垃圾袋。厨房垃圾和资源垃圾都不需要付费处理。一般垃圾每周六天，居民必须将垃圾在特定时间和指定地点装入特制垃圾袋交付。资源垃圾每周五次，其中平面资源垃圾（废纸类、旧衣服、塑料袋类）周一、周五收集；立体垃圾（罐、瓶、容器、小型家电、轮胎、电池、灯泡）及干净泡沫塑料每周二、四、六收集。资源垃圾将被送到分拣回收站进行分拣和循环（台北环保署将分拣和循环外包给两家私营公司）。台北环保署还计划结合垃圾焚烧厂，建设一条自动分拣线，并预计当自动分拣线建成后，60%—85%的城市固体废物可以进行循环利用。

（六）垃圾费随袋征收制度

台北市自1991年开始征收垃圾费，原来随自来水费征收，自2000年7月1日起台北市调整垃圾费随水费征收（新台币4元/吨）的办法，改为垃圾费随袋征收。根据要求，居民必须使用环保署的特制垃圾袋（可在各类超市等处购买），垃圾袋共有7种规格（3、5、14、25、33、76、120公升），价格从新台币1.35元/公升至54元/公升不等。乱丢垃圾将被罚款，伪造垃圾袋将面临刑事起诉并可能坐牢。另外，台湾环保部门还向志愿者提供免费特制的垃圾袋，用于公共场所如公园、校园等的清洁。一般工业废物由私人的废物处理单位收集处理。

（七）零掩埋

零填埋意为所有的城市固体废物或循环使用或再利用，主要通过四种途径：利用有机垃圾进行堆肥；循环或再利用所有金属、玻璃、塑料和纸张；可燃烧垃圾通过垃圾焚烧获取热能（电能）；分类、循环利用和再利用沟泥沟土和焚烧飞灰。

台北环保局设置了2005—2010年分类和循环使用的目标，分别为2005年，2007年，2008年和2010年达到15%、33%、67%和100%，为达到该目标，台北环保部门努力控制固体废物产生量，发展在经济上更具竞争力的再利用技术，并推动循环利用材料和产品市场的发展。其主要策略有8项：①抑制伪造专用垃圾袋，持续加强垃圾减量与资源回收之倡导教育；②执行资源垃圾强制分类回收；③推广餐厅、市场有机废物回收及再利用；④废家具修护及大型废物破碎回收再利用；⑤推动区域合作处理垃圾以减少掩埋容积；⑥灾害废物分类处理回收再利用；⑦无法回收物质之废物进行热能回收；⑧焚化灰渣筛选、分类、固化、熔融、再利用。通过这些策略的规划与执行，逐步增加资源回收项目与数量，减少焚化与掩埋垃圾量，最后达到"资源回收量极大化""焚化垃圾量极小化""掩埋垃圾量为零"的终极目标。

第四章

中国固体废物资源化政策工具之选择

政策工具研究在经济学领域曾经长期盛行，但在公共管理领域里，政策工具的研究却是近 30 年的事情。① 本章以固体废物资源化法律控制方面的行政手段和经济手段两方面为主，阐述政策工具在具体控制固体废物资源化过程中是如何生效的。

第一节 政策工具的概念与类型

一 政策工具的概念

政策工具（Policy Instruments），又被称为治理工具（Governing Instruments）或政府工具（Government instruments & Tools of Government），国内外学者对这三个概念的应用并没有作过多区分，具体选用哪一个概念似乎全凭个人偏好。本书主要采用政策工具这一概念表达。

政策工具这一概念看似简单，但要对其作出准确描述却十分困难，可以说是"见仁见智"。关于政策工具的含义，不能单纯地从字面上理解。虽然工匠手中的"剪刀"等形象的比喻，为认识其提供了有形图景，但是对于探讨政策工具的含义却没有太大的帮助，相反，却给政策工具限定了一个非常狭窄的范围。诸如在新闻媒体和广大公众的视野中，经常可以听见或看见国家的财政政策工具、货币政策工

---

① 黄红华：《政策工具理论的兴起及其在中国的发展》，《社会科学》2010 年第 4 期。

具等。往往给人们造成这样一种印象：政策工具类似于工匠手中的"剪刀"等工具。为了实现一定政策目标的手段，政府所采取的一定的技术手段都可以归类于政策工具。但把政策工具外延扩大，既不利于政策工具的研究，也不利于得出有价值的研究成果。① 严强教授把目前学界对政策工具实质的理解归纳成三种观点。②

一是将政策工具理解为实现政府行为的机制。如欧文·休斯将政策工具定义为：政府的行为方式，以及通过某种途径用以调节政府行为的机制；迈克尔·豪利特认为，政策工具是实现公共目标的支配机制或技术；张成福、党秀云认为，政策工具就是指政府将其实质目标转化为具体行动的路径和机制，是政府治理的核心，没有政策工具，便无法实现政府的目标；陈庆云认为，政策工具是连接目标与结果的桥梁，是将政策目标转化为具体行动的路径和机制。

二是将政策工具理解为政府推行政策的手段。如按照《公共政策与行政国际大百科全书》所下的定义，政策工具指的是"实现公共政策目标的手段"。迈克尔·豪利特和拉米什认为，政府工具是政府赖以推行政策的手段，是政府在部署和贯彻政策时拥有的实际方法和手段；陈振明教授认为政策工具是人们为解决某一社会问题或达成一定的政策目标而采用的具体方式和手段。

三是将政策工具理解为实现政策目标的活动。如霍格威尔夫认为，工具是行动者采用或者潜在意义上可能采用来实现一个或者更多目标的任何东西；德·布鲁金与霍芬认为，政策工具首先可以被看作一种"目标"，即"构成法律或者政府行政指令的整套指引和规则"，其次还可以被界定为一种"活动"，即政策工具是政策活动的一种集合，它表明了一些类似的特征，关注的是对特定过程的影响和治理；亚瑟·里格林（Arthur B. Ringeling）把工具概念描述为，致力于影响和支配社会进步的具有共同特征的政策活动的集合。

中国台湾学者李允杰、丘昌泰也就学界关于政策工具含义的各种

① 崔先维：《中国环境政策中的市场化工具问题研究》，博士学位论文，吉林大学，2010年。

② 严强：《公共政策学》，社会科学文献出版社2008年版，第92—93页。

看法作了归纳和评价，他们认为大致存在这样三种观点。①

一是"因果论"的观点。英格汉姆（Ingraham）把政策工具界定为系统性地探讨问题症结与解决方案之间因果关系的过程。这个观点下的政策工具似乎太过广义，其实整个公共政策过程都是企图寻找问题症结，并且提出有效的解决方案，这样的因果关系不仅仅表现在政策工具层面上。

二是"目的论"的观点。施耐德（Schneider）和英格汉姆（Ingraham）指出，政策工具是以目的为导向的，它是朝向问题得以解决的方向发展的，同时也是一套可以实现政策目标的蓝图。这样的观点仍嫌太过广义，并未明确凸显政策工具的特色，有将政策工具等同于政策方案之嫌。

三是"机制论"的观点。胡德（Hood）指出，政府是运用一组行政工具的，并且以许多不同组合，并在许多不同场合，追求许多目标的过程。胡氏所谓的行政工具乃是将政策目标转化为具体政策行动的机制作用，包括四种工具：①节点（Modality），这是指社会网络或信息交互运作的中心；②权威（Authority），是指官方的命令、要求、禁止、保证或裁判；③财政（Treasure），是指处罚或补助等财政手段；④组织（Organization），是指将一群拥有各种技巧的人群加以组合的方法。

综合前人的研究，本书对政策工具做出如下定义：所谓政策工具就是指执政党和政府部门为解决社会公共问题或达成一定的政策目标，选择并确定地引导或促使政策相对人采取期望行为的具体路径和机制。那么，环境政策工具就是在环境保护政策领域内为实现环境政策目标，解决环境污染和破坏问题，所选择的实施路径和机制。具体到固体废物资源化政策层面，就是为了实现固体废物的资源化，节约自然资源和有效利用固体废物，实现可持续发展的目的而采取的各种措施和机制，以规制、引导和鼓励各种主体参与固体废物资源化的过程。

---

① 李允杰、丘昌泰：《政策执行与评估》，北京大学出版社 2008 年版，第 116 页。

二　环境政策工具的类型与选择

在环境保护、废物处理和土地资源管理领域，研究者一般以环境领域的市场失灵和政策失灵及其所产生的问题作为起点，讨论应对环境领域的非竞争市场、外部性、公共产品、信息不对称等情形的政策工具，如利用市场、创建市场、环境管制和公众参与等。其中每一类工具都包括若干种更为具体的政策工具。例如利用市场的政策工具包括补贴削减、环境税费、使用者收费、执行债券、押金—退款制度和有指标的补贴以及国际补偿机制；环境管治工具包括标准、禁令和许可证与限额；公众参与工具包括公共参与和信息发布等。[1] 一些研究政治的学者认为，政策工具只有三种基本的分类，即俗称为"胡萝卜、大棒和说教"的经济激励、法律工具和信息工具。但这些可以进一步划分为：物质的、组织的、法律的、经济的以及信息的这五类。任何单一的分类法都不是完美的，但是在不同的条件下都是有用的。[2]

有学者将环境政策工具分为三类：命令控制类、经济刺激类和劝说鼓励类。这是按照政府直接管制程度从高到低的分类。命令控制类政策工具主要是指标准、禁令、行政许可证制度、区划、配额、使用限制等，如污染物排放标准、污染物排放总量控制、环境影响评价制度、"三同时"制度、限期治理制度、排污许可证制度、污染物集中控制制度、环境规划制度等；经济刺激类政策工具包括：可交易的许可证、补偿制度、财产权、排污收费（如排污费、资源使用费、资源环境补偿费）、税收制度（如二氧化硫税、产品税、燃煤税、气候变化税）、削减市场壁垒、罚款、信贷政策、环境基金、赠款和补贴、降低政府补贴、加速折旧、环境责任保险、押金—返还、环境行为债券和股票等；劝说鼓励类的政策工具有：道德教育（采用教育、宣传、培训等方法）、信息公开、鼓励、协商等。[3]

---

① 黄红华：《政策工具理论的兴起及其在中国的发展》，《社会科学》2010年第4期。

② ［瑞典］托马斯·思德纳：《环境与自然资源管理的政策工具》，张蔚文、黄祖辉译，上海人民出版社2005年版，第102页。

③ 宋国君：《环境政策分析》，化学工业出版社2008年版，第29页。

而世界银行在 1997 年，把环境的政策工具划分为四大类：①利用市场。这种方式主要是基于税收（庇古税）的思想而实施的，即利用市场和价格信号去制定合适的资源配置政策。利用市场的手段主要包括补贴削减，针对排污、投入和产出的环境税费，使用者收费（税或费），执行债券，押金—退款制度和有指标的补贴。该工具还包括退还的排污费和信贷津贴。②创建市场。主要是基于科斯定理而实施的，即通过界定资源环境产权、建立可交易的许可证和排污权、建立国际补偿体系等途径，以较低的管理成本来解决资源和环境问题。常见的方式主要有产权建立、私有化和权力分散、可交易的许可证和排污权以及国际补偿制度等。③环境管制。又称为命令控制手段。主要基于制定环境标准的理论，即通过颁布有关环境法规和标准来管理环境，是解决环境问题最常用的方式，主要有标准、禁令、许可证和配额等。④公众参与。通过宣传、公告等形式，引导公众或组织自觉参与环境保护。①

笔者认为，分析各国的固体废物资源化政策中所使用的政策手段，主要的环境政策工具大致有行政规制手段和经济刺激手段两大类。前者由政府直接参与，或以命令—控制式的管制，或以行政指导、行政契约等不以制裁为后果的行政行为来实现对污染企业的控制。后者则是为避免行政行为过于缺乏弹性的弊端，尤其是在企业积极研发、创新污染防治技术方面不能提供足够多的刺激，因此而产生的经济诱导手段。形式上有补贴、征收清理费、产品押金返还以及可交易排放许可证等。另外，近年来，类似于生态标签之类的信息工具也在逐渐形成。以下笔者将就以上三大类环境政策工具进行深入的分析。

第二节　固体废物资源化政策工具中的行政规制

从固体废物资源化的过程来看，可能涉及诸多法律领域。从民法

---

① 杨洪刚：《中国环境政策工具的实施效果及其选择研究》，博士学位论文，复旦大学，2009 年。

的角度看，资源化中牵涉固体废物的所有权及其处分的问题；从刑法的角度看，固体废物的非法堆放、处理、处置都有可能触及刑律；从行政法的角度看，固体废物资源化中的许可、特许等都是政府对人民或企业行为的管制和监督。就前述诸法领域中，和固体废物资源化的法律控制最有直接关系的，应是环境行政法。环境行政法在具体的固体废物资源化实践中以各种管制、监督、指导形式的行政规制出现。行政规制是指国家行政部门根据相关法律、法规和标准等，对生产者的生产工艺或使用产品进行管制，禁止或限制某些污染物的排放以及把某些活动限制在一定的时间或空间范围内，最终影响排污者的行为。[①] 行政规制是在环境政策中运用最广泛的政策工具。

一　行政许可

（一）行政许可概述

行政许可制，是一种事前管制的行政手段，亦指行为非经政府的事前审查通过，该行为人不得为之。[②] 行政许可制度在固体废物资源化中的运用主要体现在资源化组织的资质审查方面，是控制进入资源化市场的固体废物资源化组织的管制手段，以便培育出一个完善的资源化市场，净化市场环境，实现公平有序的竞争。作为事前管制手段的行政许可制可以将其适用范围分为特许制、许可制和报备制。

（1）特许制是指某个项目对社会、环境可能造成重大的冲击，主管机关必须就该项目可能带来的经济发展、区域均衡、就业需要以及其他种种的政治、经济、社会、文化以及自然生态各个方面上冲击的影响加以考虑，当其认为核准该项目能带来更多的正面影响，并且就该项目可能带来的负面影响要求项目实施者给予补偿，便可以作出准许的决定。[③] 特许制属于一种禁止中的例外，只能适用在政府必须严格监管的事务上。固体废物中有一些物质是属于国家限制资源化的，因对其的资源化易导致二次污染的产生，所以国家应当严格限制这类

[①] 宋国君：《环境政策分析》，化学工业出版社 2008 年版，第 32 页。

[②] 黄锦堂：《台湾地区环境法之检讨》，《政大法学评论》1993 年总第 49 期。

[③] 同上。

固体废物的资源化活动，只有少部分符合国家资质检查的资源化组织才能够获得特许经营权。

（2）许可制是指一些项目从性质和规模上不会对环境或社会造成重大的冲击，是故只要该项目达到法律规定的要件，主管机关必须颁发给其许可证，不得故意拖延或阻挠。也就是说，这类行为只要达到法律标准，就可以获准进行。在固体废物资源化的活动中，大多数的物质都属于非限制或非禁止资源化的固体废物。对于资源化此类固体废物，任何达到国家要求资质的组织都可以进行，都应当在主管部门获得资源化经营许可。

（3）报备制是指某些活动对环境或社会基本上不会产生危害，从原则上此类行为是会被主管机关通过的，因此，行为人只需在主管机关对其行为进行登记，即可施行。报备制因其适用起来灵活简便，可以适用于日常进行的固体废物资源化活动。这些活动的特点是发生频繁并且规模较小，如果需要主管机关一一核查则使得其日常工作无法开展，需要非常大的人力物力的投入。所以，从节约规制成本来考虑，只需对此类行为进行登记备案以便掌握整体情况和随机抽查监督。

（二）固体废物资源化过程中的行政许可

在固体废物资源化活动中灵活使用行政许可制度，包括明确不同的许可的适用范围和许可的要件，这是直接管制固体废物资源化活动的核心部分。因为，要想使得固体废物资源化活动走上合法化的道路，必须先使资源化者的资格得到法律的承认。行政许可制度是对资源化者最直接的行为引导，它要求行为人必须符合法律要件方能从事相关活动。中国《固体废物污染环境防治法》中对于利用危险废物的企业，要求其获得相关的经营许可证方可从业。在中国的固体废物资源化法律中存在着大量的行政许可。

（1）特许。在中国，大量的特许以特许经营的方式存在。在固体废物资源化方面，《固体废物污染环境防治法》第57条规定，从事收集、贮存、处置危险废物经营活动的单位，必须向县级以上人民政府环境保护行政主管部门申请领取经营许可证；从事利用危险废物经营活动的单位，必须向国务院环境保护行政主管部门或者省、自治区、直辖市人民政府环境保护行政主管部门申请领取经营许可证。又比如，《废弃电器电子产品回收处理管理条例》中规定了废弃电器电子产品处理资格许可制度。由设区的市环境保护行政主管部门负责审查废弃电器电子产品处理企业的资格。由此可见，固体废物的资源化，特别是在危险废物资源化的过程中，国家对于经营单位的资源有着严格的限制，只有那些符合资质的单位才能获得特许的经营资格。这项规定的目的在于，对于危险废物的回收利用，其过程中必然会产生严重的二次污染问题，处理不当还可能造成严重的环境事故。所以，利用危险废物的单位必须具有相关的技术和严格的生产管理能力，方能从事此项活动，以减少因为危险废物的资源化对环境和人体健康造成损害。故而，国家在这项活动的管理方面，不能放开。

（2）一般许可。如前所述，一般许可的行为是指那些无须特别资质，但又需要经行政部门批准后方能实施的行为。在固体废物资源化过程中，一般许可主要是不涉及危险废物的固体废物回收利用经营许可。因为，不涉及危险废物的收集、处理处置问题，所以对环境的潜在危害小，故无须特别资质，只需作为一般经营行为来管理即可。

（3）报备。根据《固体废物污染环境防治法》第 32 条的规定，国家实行工业固体废物申报登记制度。也就是说，所有产生工业固体废物的单位必须按照国务院环境保护行政主管部门的规定，向所在地县级以上地方人民政府环境保护行政主管部门提供工业固体废物的种类、产生量、流向、贮存、处置等有关资料。只要是从事工业生产活动，难免会产生工业固体废物，这并不以行政主管机关的意志为转移。但是，辖区内工业固体废物的产生情况和贮存、处置情况直接关系到工业固体废物是否得到妥善的管理，以及工业固体废物的资源化所涉及的背景资料，都是行政主管机关必须了解的，以便做出正确的决策。所以，报备毋宁说是一种行政主管机关的被动许可。在固体废物资源化政策目标实现的过程中，报备是基本的信息搜集手段，也是行政机关日常管理中主要的措施之一。同样，在危险废物的管理过程中，对危险废物的种类、产生量、流向、贮存、处置等资料也必须向环境行政主管部门申报，并且危险废物管理计划也应当向行政机关报备。

二　行政契约

(一) 行政契约的概念与性质

行政契约，是指以行政法上之法律关系为契约标的（内容），而发生、变更或消灭行政法上之权利或义务之合意。[①] 周佑勇教授认为："行政契约是行政主体为了实现行政管理目的，与其他行政机关或公民、法人和其他组织之间，经双方意思表达一致所达成的设立、变更或者终止某种权利义务关系的协议。"[②] 在环境保护方面，政府通过与私人订立行政契约，可以将公民个人或组织引入环境保护领域，以达到私人参与环境保护之目的。行政契约是一类诱导型行政规制手段。表面上，它是私法契约在公共事务上的体现。但是，行政契约的公务性，乃是行政机关的特权保留，体现了行政契约与私法契约在法律规范上的差异。环境保护作为国家的一项社会职能，国家必须承担为人民创建一个良好舒适的生活环境的责任。但是，环境保护不单是国家一方面的事情，所有的人都有义务承担自己相应的责任。但是在参与途径匮乏的情形下，民众无法参与到具体的环境保护事业当中，使得合作原则也成为一项抽象的"原则"不能具体实现。行政契约对于环境法的实质意义在于，通过人民和行政机关间的协商，在毋庸动用国家强制力之情形下，即可达到环境保护之目标与要求。[③]

行政契约主要为私人参与公共服务提供渠道，除了在组建固体废物资源化体系方面发挥作用外，在建设国家示范项目上也发挥重要作用。国家为促进固体废物资源化事业的发展，建立一些对某些物质资源化的示范企业，其主要作用是对整个社会进行教育。但是，政府本身并不具备成立此种企业的条件，如果由政府来运营这些企业也会产

---

① 林明锵：《行政契约》，载翁岳生主编《行政法》，中国法制出版社 2009 年版，第748 页。

② 周佑勇：《行政法原论》，中国方正出版社 2005 年版，第324 页。

③ 陈慈阳：《环境法总论》，中国政法大学出版社 2003 年版，第283 页。

生政企不分的弊端，不利于其正常运作。政府只能将此类示范项目通过订立行政契约的方式委托给私人来进行。在许多场合下，诱导型规制与惩戒型规制双管齐下，更能够提高行政管制的效率。而行政契约给这种示范性的项目提供了政府和公民、法人或其他组织合作的法律途径。

（二）行政契约在环境保护中的作用

环境保护活动中，私人通过行政契约得以参与并完成行政任务。其一，私人以"行政助手"的方式出现。接受行政机关的指挥监督与指示，没有法定权限，行政机关仍为最终决定者与责任承担者；其二，政府依法将公权力委托给私人来执行。[①] 这两种类型的行政契约使用得比较多。近年来，在传统的行政契约上发展出一些更复杂的类型，表现在公共事务的私营化方面，包括组织、财产、实质、功能和财政负担等的私营化。

将部分的行政任务委托给私人来投资进行，一个很大的好处就是可以利用民间资本，解决财政不足之弊端。比如建立一个全国性的资源化系统，需要投入大量的资金。面对这样的投资，政府的财政预算不一定能够予以保障，从而降低了此项事业的重要性。政府可以以招投标的方式，引入民间资本来建立一个全国性的固体废物资源化系统，将原本由政府做的事情委托给私人来做，政府只起监督指导的作用。

比如，德国的 DSD 公司由 90 多家生产、销售企业组成，它的作用是组织和协调废弃包装物的回收、分类、处理和循环使用。[②] DSD公司本身有一套完善的资源化标准，通过改变包装物的材料与构成，以减少对资源的需求，更利于保护环境。另外，DSD 公司与地方政府机构签订协议，接受地方政府机构的委托从事固体废物资源化活动。

（三）行政契约在现行法律中的实践

目前，中国的法律、法规还没有针对固体废物资源化专门的行政

---

① 黄锦堂：《行政契约法主要适用问题之研究》，载杨解君编《2001 年海峡两岸行政法学术研讨会实录》，东南大学出版社 2002 年版，第 141 页。

② 罗亚明等：《德国 Duales 废弃物回收体系》，《中国包装》2002 年第 3 期。

契约方面的规定。行政契约只在很少的领域被实践着。一个是关于固体废物回收利用设施的 BOT 项目方面的融资建设合同；另一个就是《中华人民共和国固体废物污染环境防治法》中规定的代处理当中所涉及的第三方履行合同。

1. 固体废物资源化设施的 BOT 融资建设合同

以中国现在的城市生活垃圾处理状况来看，资源化的要求远远未能达到，还仅仅停留在无害化的阶段。如前所述，资金和技术是困扰城市生活垃圾分类回收和再生利用的主要障碍。而广大的居民也尚未能够形成主动分类丢弃生活垃圾的习惯。因此，通过行政契约委托示范企业来完成生活垃圾的资源化，既可以利用社会资金，以弥补国家财政投入的不足；亦可以通过一些示范工程，对广大居民进行宣传教育，以培养其分类丢弃生活垃圾的环境保护意识。目前，中国很多地方都在以 BOT 的方式，建设垃圾焚烧发电厂的项目。虽然垃圾焚烧发电只是固体废物资源化利用过程中最后一个环节，但是，在当下中国固体废物处置状况下，能够做到垃圾焚烧发电已经很困难，比起填埋来说，所消耗的资源也较小。况且，垃圾焚烧发电对地方政府来说，既可以解决"垃圾围城"之困，又可以发电增加效益。所以，各地开展的此类固体废物资源化设施的 BOT 项目较多。而相对于其他资源化利用方式而言，则较为少见。这恐怕还是因为技术发展的阻碍所致。因此，地方政府应当在更宽泛的领域内开展固体废物资源化设施的 BOT 融资建设，以起到示范和鼓励其他类似项目发展的作用。

2. 代处置制度中第三方履行合同

2006 年浙江省出台的《浙江省固体废物污染环境防治条例》中规定："产生固体的单位和个人应当按照国家有关环境保护的规定和技术规范处置固体废物，无能力自行处置的，应当委托依法设立的固体废物处置单位处置，并支付处置费用；无能力自行处置又不依法委托处置的，环境保护行政主管部门可以指定有关单位代为处置，处置费由产生固体废物的单位和个人承担。"在这条规定当中，当产生固体废物的单位和个人不处置其固体废物时，行政部门可以指定第三方代为处置。而这就形成了第三方与行政部门之间的契约关系。这种契约关系就是一种行政契约。这条规定前半条的内容指的是固体废物的产生者与处置者之间的契约关系，这其中的契约属于私法上的契约，公权力并未介入其中，处置者处置固体废物的行为，也非完成某项公共事务，而是私法上平等主体之间的权利义务关系。但是，该条后半部分，关于代处置的第三方，其履行的契约内容，乃是为了完成环境保护的公共事务，进行固体废物的处置，这项公共事务，本是政府的职责。所以，这种权利义务关系就变成了行政部门委托给私人企业完成某项公共服务的契约内容。因而，具有行政契约的法律性质。而第三方的引入，也解决了环境保护行政主管部门对固体废物处置的需要。对于那些固体废物产生者既没有能力处置，也不委托处置其固体废物的，固体废物终究需要得到妥善处置，以避免污染环境的事件产生。所以，行政契约在这个领域中的运用，可以很好地解决行政部门能力的不足。

三 环境标准

环境标准，是指国家为了保护人群健康、保护社会财富和维护生态平衡，就环境质量以及污染物的排放、环境监测方法以及其他需要的事项，按照国家规定的程序，制定和批准的各种技术指标与规范的总称。[1] 环境标准的制定决定了企业在执行过程中所付出的成本，因此，环境标准的宽严对企业有极大的影响。环境标准已成为行政机构对企业的一种重要行政规制手段。

环境标准的制定一般都经历了一个从宽松到严格的过程，这是随着人民环境意识的提高而提高的，并牵涉科技发展的方面，而且与国内外总体政治、经济和社会条件相适应。从内容上可以分为：环境质量标准和污染排放标准两类。环境标准的确定并非以科技上明确的数值为参照，而是由行政主管部门自由认定，故不同的地区可以采用不同的环境标准。

行政机关在运用环境标准进行环境管制的过程中，往往会遇到环

---

① 汪劲：《中国环境法原理》，北京大学出版社 2000 年版，第 128 页。

境标准的含糊性问题。行政机关对于不超过环境标准的企业不予以处罚，盖其行为所引起的环境污染与破坏仍在忍受程度的界限内。对于忍受界限与忍受程度之间的关系认定则非常模糊，争议较多。而且，环境标准的制定往往不是单以生态保护为出发点，而是综合了经济发展与社会发展的诸多考虑因素，因此，环境标准亦非完全基于环境公益。所以，运用环境标准进行环境管制尚存在较多争议，中国学者在环境保护行政手段的研究中对其也着墨不多。

在固体废物资源化活动中，运用环境标准的管制主要体现在以下三个方面。

其一，对固体废物的收集、存放、分类活动中，可能对环境造成污染与破坏的行为进行规范。这些活动的进行必须遵守相关的环境标准，一旦超过此类标准则应承受相应的处罚。

其二，对固体废物的再使用和再循环过程中，可能造成的二次污染行为进行规制。这里适用的是对大气、水等排放污染物的污染排放标准。

其三，借由环境标准可以判断在现阶段，某种物质的资源化可行性与有效性。基于这种判断以便制定出该物质的资源化率，如果现阶段资源化某种物质可能会产生更大的环境污染与破坏，则应将其纳入禁止资源化物质目录，以控制对其进行的资源化活动。

对于在固体废物资源化活动中引入环境标准的管制手段的研究，在目前看来还比较粗浅，人们对环境标准在其中发挥的作用的认识尚不充分，环境标准没有充分发挥其环境管制的效能。在今后的发展中可能出现更多的环境标准，包括与固体废物资源化直接相关的环境标准的环境管制手段。这有赖于科技的发展和人民环境意识的提高。

四　强制回收

强制回收，是指在产品使用后产生的报废产品或相关固体废物，依法律的规定，强制要求相关责任人交付给指定的回收点，对报废产品或相关固体废物进行回收。强制回收是典型的命令控制式行政规制手段。它与一般的禁止性规定不同，其规定内含明确的法律义务。农药和有毒、有害化学品包装物和容器这类有害废物在使用后，不当处置会给环境和人体健康造成危害。所以，在农药和有毒、有害化学品使用完毕后，其包装物和容器如果转为他用，就应当经过消除污染处理，并进行监测；而根据生产者责任延伸原则，则农药和有毒、有害化学品的销售者必须回收这些容器和包装物，再交由有资质的处置单位进行处置。

在中国，报废汽车也需要履行强制回收的义务。2001年国务院出台的《报废汽车回收管理办法》中明确规定了，"报废汽车拥有单位或者个人应当及时将报废汽车交售给报废汽车回收企业"。也就是说，达到报废标准的汽车，不得随意私自拆解改装，也不得交给其他未经法定许可的企业进行回收。之所以报废汽车要实行强制回收，盖因报废汽车可能造成的污染较大，而且也存在较严重的安全隐患，因而需要对其强制回收，而汽车的所有权人，必须在汽车报废后将其回收，不得出售、赠予或以其他方式转让给其他个人或法人。

五　生产者延伸责任

近来，一些国家环境政策的重要进展就是引入了"延伸的生产者责任"，或者又称生产者延伸责任（Extended Producer Responsiblity）。这种理念发源于欧洲，它要求生产者对其产品负责，即使产品处于其寿命周期的最后阶段也应如此。一些欧洲国家已经通过立法要求制造商回收它们的产品。1991年德国的《包装法规》就是一例。[1] 另一个例子是欧盟2002年制定的《关于报废电子电器设备指令》，它要求制造商单独回收旧的电子和电器设备。生产者延伸责任是一项与废旧商品回收利用有关的"延伸的责任"。"生产者"有着广义的解释，它包括从承制商、制造商到销售商和进口商这一链条上的任何人。总体思想是，如果一个追求利润的企业在生产的早期阶段负有回收利用之责的话，将促使其尽量减少回收利用的成本。这一成本可以通过产品

---

① ［美］保罗·波特尼、罗伯特·斯蒂文斯：《环境保护的公共政策》，穆贤清、方志伟译，上海三联书店2004年版，第384页。

的原材料选择、产品设计、加工或组装及危险金属和塑料的替代、将组装零部件设计得更易于分拆等途径来降低。其他用于降低回收利用成本的途径还有：提高产品质量和服务以延长产品的使用寿命。而长期计划是通过改变原材料、改变产品的组织结构、建立新的回收和分拆系统等方法，使回收利用具有更多的利润。[1]

生产者延伸责任通常被描述为可以自愿履行也可以强制履行的政策。但是，把它们从强制到自愿连贯起来考虑更为准确，强制性生产者延伸责任是法律法规的产物。真正的自愿性生产者延伸责任全面实施的动力来源于公司能够从回收其产品的活动中创造经济利益或获得市场利益。[2]

但是，许多生产者延伸责任项目并不产生经济利益，至少短时期看来是这样的。尽管如此，一些公司因为其他的原因（比如获得优先权或为未来的立法考虑），在"自愿"的基础上开展这些项目。通过法律强制的生产者延伸责任项目不是真正自愿性的，可能会有中途退出者。[3] 在某些生产者延伸责任框架下，为解决生产者从顾客手中回收其产品的问题，生产者建立了一个特别的组织作为集中的产品回收机构，及生产者责任组织（Producer Responsibility Organization），该组织负责从消费者那里收集用过的产品，并从它的成员公司那里收取一定费用用于对废弃产品的收集和分类。在这种制度安排下，产品的回收规定看上去与对上游产品征税或预付处理费非常类似。[4]

最后应该说明的是，全面实施生产者延伸责任，并规定回收报废耐用商品，这可能会导致大量的废物涌向回收点。因此，必须建立回

---

① 现实中已经产生了利润，比如，报废汽车中拆下的部件（如金属和引擎）都被再利用了。问题是目前的回收率太低及某些危险物质可能会污染环境。而且，一些国家使用的处置体系已经使回收电池、轮胎和汽车产生了利润。

② Bette K. Fishbein, "EPR: What Does It Mean? Where Is It Headed?", *Pollution Prevention Reivew*, Vol. 8, No. 4, 1998.

③ Lisa Quinn, A. John Sinclair, "Policy Challenges to Implementing Extended Producer Responsibility for Packaging", *Canadian Public Administration*, Vol. 49, No. 1, 2006.

④ ［美］保罗·波特尼、罗伯特·斯蒂文斯：《环境保护的公共政策》，穆贤清、方志伟译，上海三联书店 2004 年版，第 384 页。

收的标准和准备分拆大量废旧产品的资金。因此，合理地选择是把目标放在某几种产品上，在大量产品目录中挑选几个重要的产品——那些在倾倒点占地方的和含有危险物质的产品。

第三节　固体废物资源化政策工具中的经济手段

在命令—控制式的行政管制下，环境管制的困难非常大。由于环境管制的对象包括各行各业，管制的内容又具有高度专业性，实践中必须有大量的资讯积累作为管制的基础，方能针对污染的性质、成本的高低以及技术能力等多方面作适当的管制。[①] 环境行政规制工作非常困难，而且命令—控制式的管制有时不能针对环境问题的特点，导致管制措施不能达到预期目的。因而，环境政策中考虑以经济刺激来避免现行制度低效率、高抗争的弊端。经济手段被引入法律控制的体系内，与行政手段相互补充。

一般说来，环境保护中引入经济手段是为了使污染成本转化为企业内部成本，使外部性转化为内部性。在固体废物资源化中，经济手段的运用是为了促使资源化主体积极地从事这项活动，同时也是将资源化成本转化到产品成本中去的一个过程。这里所运用的经济手段更多的是一种动力——促进资源化这个行为发生的动力。它是在政府管制失灵的情况下，用来对生产者和消费者发生作用的工具。在不存在经济刺激的情况下，生产者和消费者不会主动去承担固体废物资源化的责任，这项行为只是作为他们的一种负担而存在。当经济手段得以运用，经济刺激诱使其作出相应的反应。为了获得经济利益，生产者和消费者必然趋向于采取固体废物资源化的措施。

在固体废物资源化活动中，被采用的主要经济手段有：补贴、押金—退款、清理费。以下对这三个政策工具分别进行分析。

---

① 叶俊荣：《论环境政策上的经济诱因：理论依据》，《台大法学论丛》1990 年第1 期。

一　税收优惠与补贴

税收是一个国家财政收入的重要来源。目前，中国在环境领域内正在积极实行环境税，但是所谓的环境税只是"费改税"政策趋势的一种延伸。现实真正对促进环境保护起到经济诱因效果的，还是税收上的优惠政策。由于税收是一种普遍征收并且由财政预算统一再次分配的资金，所以，税收本身对环境保护并没有直接的效果。但是，当税收与相关的信息政策工具（如目录制度）相结合便可以起到直接促进环境保护的作用。中国固体废物资源化领域内实行得最成熟的税收优惠便是和资源综合目录相结合的。只要企业对目录内所列的物质进行综合利用达到法定的要求，便可以享受税收优惠。因此，税收优惠在这种情况下，就有了直接的经济诱因作用。现行政策中，税收优惠主要体现在免征增值税、增值税即征即退、所得税减免和消费税减免。

补贴也是目前中国固体废物资源化政策中存在的一种经济刺激方面的政策工具。补贴是从税收中支出一部分，用于支持某些特定活动的预算。也就是说，补贴可以是一种对直接减少污染成本的偿还或者是对每单位排污减少的固定支付。[①] 在固体废物资源化领域，主要是针对国家鼓励回收利用的固体废物种类所设置的一种财政上的支付行为。目的在于促进企业、事业单位和个人提高对其产生的某些种类的固体废物的回收利用率。如哈尔滨市 2017 年公布的《哈尔滨市2017—2018 年秸秆综合利用补贴的意见（暂行）》中规定，"对购置还田出田机械，从事秸秆综合利用的各类农业生产经营主体（包括农民、农机专业合作社、农民专业合作社、龙头企业）给予补贴"。另外，补贴也被用于回收家用电器方面。近年来实施的"以旧换新"政策就是典型的补贴。

虽然以上两种经济激励方式在作用上有些近似，但税收优惠和补

---

① ［瑞典］托马斯·思德纳：《环境与自然资源管理的政策工具》，张蔚文、黄祖辉译，上海三联书店 2005 年版，第 158 页。

贴的原理不同。税收优惠是减少对应缴税额的增收，而补贴则是从已经收上来的税收中支付一笔钱出去。而且，补贴缺少税收的产出替代效应，不仅价格以及由此产生的产出效应消失了，同时至少一些补贴产生了一种不合理或者相反的效应。其原因就在于，补贴更倾向于鼓励排污企业的进入（或延迟其推出）。如果补贴是固定的，那么这种固定补贴会降低企业的总成本和平均成本，使其在补贴情形下的成本要低于税收优惠情形下的成本。在税收优惠的情况下因为利润为零或破产要退出市场的企业，在补贴的情况下就可能继续生存。因此，整个行业趋向于拥有太多的企业或者生产过多的产品。[①] 不恰当的补贴不仅不能产生很好的促进作用，增强企业对固体废物的资源化，而且会到导致更多的固体废物的产生。

二　押金—退款

押金—退款制度的应用很广泛，丹麦和芬兰在啤酒、软包装饮料和一部分酒类的销售中实行押金制度。挪威除此以外对客货车车体实行押金制度，1988 年，新小型车买主需支付 130 欧洲货币单位的押金，车主退回小汽车时，才能退回押金，这一制度使 90% 以上的报废小汽车及时得到了收集和回收利用，其他的欧洲国家也大体相似。[②]押金制度能取得较好的实施效果，是在固体废物资源化管制中运用得比较成熟的一项经济手段。

押金—退款制度最先出现在饮料行业，运用于饮料容器的资源化，并且是出于经济目的（使用旧瓶比使用新瓶的成本低）。后来逐渐演化为一种经济刺激手段，凡是对环境可能造成污染或破坏的产品，在消费者购买时便附加押金，只待返还该使用后的产品或废物，避免产生污染时，才返还该押金。

押金—退款制度具有经济刺激和制裁的双重作用。一方面，押金的存在可以促使消费者将可以资源化的固体废物从垃圾中分拣出来，

---

① ［瑞典］托马斯·思德纳：《环境与自然资源管理的政策工具》，张蔚文、黄祖辉译，上海三联书店 2005 年版，第 157—158 页。

② 夏光：《环境保护的经济手段及其相关政策》，《环境科学研究》1995 年第 4 期。

使之进入资源化系统，以获得经济上的利益。这样的做法是以经济利益换取消费者的协助。押金在数额上的确定应当注意到成本与效益的比例问题。成本是消费者收集、堆置或送还到指定回收点所需的时间与费用；效益是消费者此举所能获得的回报。经济刺激的大小取决于成本与效益之间的差距。提高押金的数额，固然可以提高消费者的预期回报，但也增加了产品的售价从而使消费者对该产品的需求量降低；所以，可行的方法是降低消费者返还使用后产品的成本，以提高经济刺激的程度。只有增加回收网点方可减少消费者返还使用后产品的劳务与费用。另一方面，押金乃是消费者在购买产品时额外支付的一笔费用，用以保证在使用该产品后，将报废产品或废物返还给生产者。押金是对返还行为的一种保证，如果消费者没有将使用后的产品或废物返还给生产者，则押金将被生产者作为一种制裁，不予返还给消费者。

押金属于暂时取自消费者，终将退还给消费者的金钱。对于押金，目前尚未有一个专门的管理组织，一般都是由生产者管理，并且使其成为一个流动账户，不断地发生支付与返还行为。在这个流动过程中，必然有一些押金积累，这表明流入市场中的产品尚未全部回收。如何清理这部分积累的押金，它们的归属如何认定是一件非常困难的事情。笔者认为，法律应当明确规定在一定的期间内，生产者必须对押金进行一次清理，清理的办法是以一年或更长时间为一个周期，以这个周期发往市面上的产品数量减去回收的使用后的产品的数量，以计算所积累的押金。如果这个周期内的产品在下一个周期内才得以回收则记入下一个周期的回收数量。所积累的押金作为环境保护的公共基金，或由专门的基金管理委员会管理，或流入政府的财政收入。因为未能得到回收的报废产品会对环境造成一定的负担，生产者必须将这笔额外的费用用以补贴社会为资源化或处置这部分"漏网之鱼"所增加的成本。

三　清理费

所谓清理费是指，消费者向共同回收组织缴纳的，专门用于固体废物回收、清除、再利用所需的费用。一般被称为"垃圾清理费"或"卫生费"。它主要的征收对象是城市中的居民，也包括任何消费可能对环境造成负担的消费者。

清理费是污染者付费原则的体现。污染者付费是指，污染者应该负担那些经由公权力主体决定，为使环境保持一种"可接受状态"所必要的污染防治措施的费用。[①] 要想使清理费成为一项有效的经济刺激手段，则必须使污染者所付出的费用与其污染的程度成正比，否则将会削弱经济刺激的程度。更有甚者，当清理费征收成为国家实现增收的主要手段时，经济刺激的作用就会被扭曲，丧失原有的刺激能力。

（一）清理费的性质

对清理费的性质有两种说法，其一是认为清理费的征收属于一种税收；其二是认为清理费属于环境公课[②]的一种。笔者支持后一种观点。

从表面上看，清理费的征收与环境税有很强的相似性。都是基于环境保护的目的向特定的人群征收的。但是，从税收的特征来看，税是一种以金钱为征收内容且不具有对待给付的行为，是由国家或公法团体做出，针对一般人民且以收入为目的的。也就是说，税是对具有法定给付义务的人，以行政上的权力强制征收无须做出相应的对待给付的金钱给付。而清理费能否成为税则存在疑问，因为法律上对征收清理费并没有赋予强制征收的权力，而且所缴的清理费也是为资源化固体废物专款专用，与税乃是公法人泛泛获得收入为目的有别。

清理费虽然不能认定为某种税，其是否构成环境公课的一种？环境公课系德国法上的"特别公课"[③]。现代给付国家正面临租税收入失衡的危机，受益负担固然基于受益者付费原则多少能够弥补国家收

[①] 汤德宗：《我国环境法与政策的现状及展望》，《东吴大学法律学报》2011 年第 1 期。

[②] 陈慈阳：《环境法总论》，中国政法大学书店 2003 年版，第 267 页。

[③] 辜仲明：《特别公课规范概念及基本原则之研究》，硕士学位论文，中原大学，2001 年。

入的短绌，唯原则上国家提供给付并非均依赖国民之报偿能力与意愿，所以规费与受益费作为因应国家任务扩张之财政工具，有其实际之困难，因而特别公课应运而生。特别公课有三种类型：为筹措特殊资金为目的而课征、因未履行特定法定义务而课征以及因使用特别需要保护的环境资源而课征。① 由于环境公课所具有的平衡能力和诱导能力，促使环境使用者谨慎和节约使用环境资源，相对于单纯以收入为目的的财政功能更具有经济刺激的作用。所以环境公课是一种经济刺激手段，而清理费是环境公课的一种。将清理费视为环境公课的结果是，所征收的费用必须运用于固体废物的资源化事务上，此乃特别公课的性质所决定。

（二）清理费的管理

清理费征收后如何管理？由于我国没有相关的法律规定，这里只能参考其他地区的做法。中国台湾地区的《废物清理法》和《废一般容器回收清除处理办法》规定，所征收的清理费是为支付共同回收组织的开销所用，则由各共同回收组织保管、运用。在实行"四合一"新制之后，法律规定清理费应当成立"共同款"或"资源回收基金"，并委托金融机构收支保管运用。②

美国哥伦比亚特区《废物管理及回收法》的修订本中，将回收附加费的课征范围扩大到所有利用特区固体废物处置系统的人，并对特区内领取执照经营固体废物收集的回收商，收取与回收附加费等额的收集费。所征收的回收附加费与收集费用于特区的回收活动，并且用于环境计划委员会回收教育与推广的经费不得低于25%。③

（三）清理费的征收方式

目前，中国关于城市生活垃圾清理费的征收立法还不健全，存在收费主体不统一、收费渠道不畅通、收缴率偏低等问题。况且，从地方实践来看，中国的垃圾清理费征收方式主要以直接收费的方式为

---

① 汤德宗：《废弃物资源回收制度改进之研究》，台湾"行政院"研究发展考核委员会1997年编印，第97—98页。

② 同上书，第100页。

③ 美国《哥伦比亚特区法典》第六章第3415条。

主。如《重庆市城市生活垃圾处置费征收管理办法》当中就规定：
"城市生活垃圾处置费按照以下规定分类计征：1. 居民按户计征；
2. 国家机关、事业单位、社会团体按照在册职工和临时聘用人员人数
计征；3. 学校、医院、部队、厂矿、集贸市场、批发市场按照实际产
生的生活垃圾量计征；4. 商业门店（网点）及其他商业用房按经营
面积计征；5. 餐厨垃圾按照实际产生量计征；6. 其他产生城市生活
垃圾的单位和个人按照定额或计量的方式计征。"同时，该办法第 6
条和第 7 条还规定："城市生活垃圾处置费按月计收。居民可以按季
度或年度预缴，单位按年度缴纳。""城市生活垃圾处置费可以委托税
务机关、供水供气企业、金融机构或者镇人民政府、街道办事处代
收。委托方和受托方应当签订书面委托协议。"也就是说，在实践中，
城市生活垃圾处置费的主要收缴方式是以现金支付的方式直接收缴
的。那么就要对生活垃圾的数量和收费额度进行两次核算。而且，由
于很多地方居民居住分散，又存在大量的无物业小区。这无疑加大了
直接征收的难度。

　　所以，在中国，有地方开始实践通过公共载体实行"捆绑收费"，
较普遍的做法是通过与水费、电费捆绑收取，并取得了一定的效果。
但是，由于电力、供水属于不同的行业，受其行业监督管理制约，在
实质性的推进中落实缓慢。况且，垃圾清理费的性质尚存在争议，与
水费、电费等费用明确的经营性收费略有不同。虽然按照 2002 年国
家发展计划委员会、财政部、建设部和国家环境保护总局联合下发的
《关于实行城市生活垃圾处理收费制度，促进垃圾处理产业化的通知》
中的精神，垃圾清理费属于经营性收费，但很多学者认为垃圾清理费
应当为行政事业性收费，与水费、电费不同，后者为对商品支付的对
价，而垃圾清理费则是"污染者负担原则"的基本体现。

　　在域外的实践中，清理费还可以随着指定的垃圾袋一同征收。比
如，在荷兰，生活垃圾必须装入指定的垃圾袋中。由于垃圾袋是红白
相间的颜色，居民又称之为"红白袋"。这种由政府统一制作的垃圾
袋只能在指定的超市或市政厅购买，根据袋子容量的大小，收费不
同。一般一卷垃圾袋有二十个，小号的不到 10 欧元，大号的 15 欧元

左右。居民的生活垃圾放置在垃圾袋中，并每周在规定时间内放到道路两旁由市政工作人员进行收集清运。这种随带征收清理费的方式，既解决了垃圾产生量核定和收费的问题，也提高了垃圾清运的效率。

第四节　固体废物资源化政策工具中的信息工具

所有的政策工具都要求信息起作用，而信息对公众开放本身已经被视作一种工具。信息公开是探索某些原因导致传统政策失灵情形下有效的政策工具的一个热门话题。信息公开可以采取若干种形式中的任意一种，这取决于信息的解释和集合程度，也取决于有责任提供证明的组织的性质，这些证明有：标签、信息公开，或者是等级和证书。①

一　固体废物回收标签

回收标签（Recycling Labels）是指在产品外包装上印刷的指示消费者对产品废弃后进行回收利用的指示标签。很多时候，消费者并不知道某种废物是否属于可以回收的固体废物之列。而垃圾分类政策在推广的初期也往往会遇到居民对分类类别的不了解。而回收标签可以很容易地解决这个问题。

在英国，回收标签还可以与押金—返回制度相结合来运用。英国的法律要求把产品带入市场所涉及的部门都必须履行各自的义务。它们自己并不需要亲自再生利用和收集任何废物。然而，它们必须持有包装废物的回收标签。回收标签是简单的证据，证明某人完成了对该固体废物的回收利用。没有什么可以阻止再加工者或者商店使用押金的方法来鼓励再生利用。如果一个押金—退款的方案在收集瓶子、罐子或其他包装物方面是成功的，那么，回收标签制度的加入，可以刺

---

① ［瑞典］托马斯·思德纳：《环境与自然资源管理的政策工具》，张蔚文、黄祖辉译，上海三联书店，2005年版，第190页。

激固体废物的回收利用者不仅资源化自身产生的固体废物，还可以回收利用更多，并将回收标签在市场上售卖。① 因此，基于市场的回收标签政策工具，就产生了经济诱因，鼓励人们对固体废物进行资源化，以回收利用更多的固体废物。

另外一类的固体废物回收标签是德国 DSD 公司所采用的"绿点"标签。这种固体废物回收标签的存在，是作为 DSD 公司对某种固体废物属于其回收利用责任范围的表示，也就是说，只要产品标上了这个"绿点"标签，DSD 公司就有义务对其进行回收并资源化。"绿点"标签在此成为固体废物资源化体系建设的一个信息指示工具，而其本身可以向使用其标签的企业收费，从而产生了经济诱因的双重效果。

二　名录或目录

名录或目录制度，是指为了更明确地规定哪些物质、产品、企业属于行政规制的对象，而事先制定的一个明细列表。存在该列表中的物质、产品或企业即是被规制的对象。这减少了行政部门对规制对象的识别工作，从而减轻了其工作负担。特别是当识别需要极高的技术条件和专业知识时，往往非一般一线执法人员所能掌握，因而，名录制度的存在，就减小了执法人员自由裁量的部分，从而能够更明确地进行执法。更为重要的是，名录或目录的存在，给行政相对人明确的信息，以便其遵守法律规范。

（一）资源综合利用目录

从 1985 年起，中国开始公布资源综合利用目录，迄今已经修改过多次。资源综合利用目录的主体内容包括四大类 46 种产品，其中与固体废物综合利用有关的有：第一大类，在矿产资源开采加工过程中综合利用共生、伴生资源生产的产品；第二大类中第一小类，综合利用固体废物生产的产品；第三大类，回收、综合利用再生资源生产的产品；以及第四大类，综合利用农林水产废物及其他废弃资源生产

---

① ［瑞典］托马斯·思德纳：《环境与自然资源管理的政策工具》，张蔚文、黄祖辉译，上海三联书店 2005 年版，第 596 页。

的产品。该目录 3/4 以上的产品属于固体废物资源化的产品。

生产在资源综合利用目录中的产品的企业，可以享受国家资源综合利用税收优惠政策。但是，除了要生产该目录中的产品以外，产品还需达到相应的国家标准或技术标准。与之相配套的还有《资源综合利用企业所得税优惠目录》（2008 年修订）以及 2008 年发布的《关于资源综合利用及其他产品增值税政策的通知》和《关于再生资源增值税政策的通知》。以上的目录和通知中详细列明了具体可以享受优惠的产品种类，与《资源综合利用目录》配套构成完整的税收优惠政策。资源综合利用目录在这个政策中起到的是信息工具的作用。

（二）有害废物名录

有害废物是指不属于危险废物但含有毒有害物质，或者在利用处置过程中必然产生有毒有害物质的废物。目前《广东省固体废物污染环境防治条例》当中将其称为严控废物，此类危废因为没有列入危险废物目录，所以在管理当中存在漏洞。然而，其又存在高度的潜在危害性，因而将其单独列为一类有利于管理，减少对环境的危害。与此分类相关联的是有害废物目录制度。通过制定目录的方式，明确管理的对象。有害废物的名录由环境保护行政主管部门会同有关部门制定，经同级人民政府批准后公布；严格控制其利用与处置过程。处置严控废物的单位，应当申请严控废物处理许可证。未经许可，不得擅自处理严控废物；从事利用、处置有害废物的单位，应当①有符合环境保护要求的贮存、利用、处置设施和设备；②有相应的处置技术和两名以上专业技术人员；③有健全的管理制度和污染防治应急措施；④其他符合环境保护规定的有关要求。

（三）电子废物拆解、利用、处置单位名录

电子废物拆解可以增加固体废物的回收利用，但其往往也会引起其他的环境污染，比如废水、废气等。所以，拆解电子废物应当由有资质的单位来进行。电子废物应当集中拆解、回收利用和安全处置。在拆解和处置过程中，应当按照固体废物的类别分类收集、贮存、利用和处置。从事电子废物拆解、利用、处置的单位，应当建立电子废物经营登记制度；电子废物拆解、利用、处置中涉及国家机密、商业秘密的，处置单位应当按照有关规定保密。机关、企事业单位处理电子废物，应当交到列入电子废物拆解利用处置单位名录的单位处置。

（四）市场准入负面清单

市场准入负面清单，是指国务院以清单方式明确列出禁止和限制投资经营的行业、领域、业务等，清单以外的，各类市场主体皆可依法平等进入。这是国家简政放权，简化行政审批程序的一种方法。在固体废物资源化的领域，主要为三个方面：进口可用作原料的固体废物国外供货商及国内收货人注册登记，设立专门从事放射性固体废物贮存、处置单位许可，以及列入限制进口目录的固体废物进口许可。市场准入负面清单的设立，既解决了在固体废物资源化过程中，企业进入市场的门槛问题，减少企业的负担；又解决了必须对可能产生较大环境影响的固体废物资源化行为进行监管的问题。

第五节　固体废物资源化政策工具的优化选择

总的来说，环境行政手段的运用在世界范围内都处于刚刚起步阶段，环境政策不具有一贯的连续性。而经济手段的运用，理解不够准确，且有过分看重税收的倾向。所以，对环境行政手段与经济手段的优化选择，可以促进二者的有机融合。就中国而言，在了解世界各国先进的环境行政手段的利弊的基础上，制定了相应的对策。并随着环境行政手段的开展，逐步导入环境经济手段，形成了一种混合体制。政府面临的制定公共政策的任务就是选择一种或一组最适合的政策工具，既考虑到每一种工具的局限性和可行性，又考虑到所使用的政策工具在政治上的前后一致性。可以说，我们应该采取何种标准选择政策工具这一问题是政策工具研究的基本主题。①

---

① 杨洪刚：《中国环境政策工具的实施效果及其选择研究》，博士学位论文，复旦大学，2009年，第36页。

一　优化选择的原则

哪些政策工具更能体现"自我管制"和"自我实施"的特点？是否将这些政策结合起来执行比单独实施更为有效？这些问题大体上与经济学家提出的所谓政策的成本有效性问题有关，即为减少既定的废物数量，哪些政策所需的成本低于其他任何可选择的政策。相关研究表明，在存在着显著的非法处置风险的情况下，一些特定种类的固体废物通过押金制度来减少其数量是可靠的，也是最优的选择。押金返还制度在效果上相当于对废物处理进行收费：当产品收回时偿付押金，如果产品被扔掉了，就由消费者来承担这个费用。结果是，无论是在源头上减少废物，还是通过循环利用的方法，押金返还制度都能够确保运用成本最低的办法来减少废物的处理量。相比之下，无论是对材料回收利用进行补贴，还是对消费活动征税，这些措施仅能利用废物循环或者是源头削减的一种方式来降低固体废物的数量，而不能两种方式同时发生作用。[①] 所以，固体废物资源化政策优化选择的首要原则就是成本的有效性。

我们以往重视的是政策的管理成本部分，也就是说，一项政策出台，行政部门所需要耗费的成本。在这种标准之下，命令控制的行政管制手段，因其高效率的执行，被认为成本较低。然而，随着科技的发展，环境保护领域内很多事务已经无法通过低成本的行政管制来获得预期的政策效果。特别是在需要大量信息收集的情况下，政策的执行成本就变得异常高昂起来。政策的执行成本是以往没有被重视的部分。通常的做法是，决策做出以后，通过集中的、自上而下的方式推行下去。然而，当这种政策的实施方式需要大量收集信息的时候，成本就会像滚雪球一般地增长。所以，优化选择固体废物资源化政策工具的原则应当既考虑管理成本的降低，又考虑实施成本的最小化；或者说，成本与收益之间的比例应当最大化。

---

① ［美］保罗·波特尼、罗伯特·斯蒂文斯:《环境保护的公共政策》，穆贤清、方志伟译，上海三联书店 2004 年版，第 376 页。

二　确立相互配合的行政规制策略

政策执行本身是一个极为复杂的过程，政策执行的效果往往受到诸多因素的影响和制约，其中政策制定是否科学合理对政策执行效果至关重要。对此，史密斯就明确地将理想化的政策视为影响政策执行的首要因素。丁煌认为，政策制定的科学与否主要体现在政策是否具有合理性、明晰性、协调性、稳定性以及公平性诸方面。在中国现行的环境治理中，命令控制型工具中各种具体手段在政策设计的合理性、合法化、协调性等方面存在不少缺陷。[①] 例如，根据《固体废物污染环境防治法》的规定，生产、销售、进口依法被列入强制回收目录的产品和包装物的企业，必须按照国家有关规定对该产品和包装物进行回收。但事实上，该目录一直未能出台，所以这一行政规制的效果实际上无法达成。

另外，通常命令控制式的行政规制往往对不同性质、不同规模、不同地区的企业采取完全划一的标准，但这种划一的标准无法根据不同企业的具体情况来有效地分配法律义务，从而限制了在固体废物资源化过程中边际成本最低的企业做出更大的努力。再加上"政府失灵"现象的存在，寻租所导致的政府腐败和官僚主义，让政府针对企业的执法往往带有随意性，使得处罚往往由紧向松发展，这大大地削减了命令控制式的行政规制工具的效果。

环境行政规制手段在固体废物资源化的法律控制中仍是无可替代的主要角色。传统命令强制措施的执行，为其他所有政策手段具有实效性的必要条件，而其他如经济刺激等政策手段，则为补充性手段或完善环境保护政策手段的充分条件。命令强制措施仍有其他政策手段无可替代之处。

在固体废物资源化活动的管制中，存在多种行政规制手段，各种手段之间的相互配合程度是决定行政规制效果的重要因素。政府在行

[①] 杨洪刚：《中国环境政策工具的实施效果及其选择研究》，博士学位论文，复旦大学，2009 年。

政程序上应当通盘考虑，简化有关的手续，协调各部门之间的利益，避免因"内耗"引起行政效率降低。国家的环境行政规制应以循环型社会的建立为目的，所有的行政手段的运用都应当围绕这个目的来设计、进行。要改进目前行政规制策略不配合甚至矛盾的缺点。政府主管机关应当建立一个新的工作观念：固体废物的资源化活动是全社会相互配合进行的一项系统工程，单靠个别部门的努力无法达到预期目的。确立相互配合的行政规制策略的另一个重要举措就是，明确的行政程序立法，避免因程序不明导致行政部门之间的争夺或推诿。

三　引入以市场机制为核心的经济刺激手段

经济刺激手段为日益重要的政策手段，这是不容否认的事实。但是，与前述传统的环境行政规制手段一样，经济刺激手段并非必然对固体废物问题的改善有所帮助。许多情况下，环境保护的经济激励工具达不到预期的实施效果，这在很大程度上与经济激励工具自身设计上的缺陷有关。我们可以从排污收费制度自身设计上的缺陷来考察经济激励工具自身的缺陷是如何影响其实施的有效性的。例如，中国的垃圾倾倒是按照每户定额收取，也就是说，与倾倒的垃圾量没有直接的关系，倾倒多少不影响最终收费数额。所以，这种排污收费制度并没有起到设计中的经济诱因的作用。相反，由于收费低廉，许多家庭更愿意将各种垃圾混合在一起一倒了之，以避免垃圾分类所带来的时间和垃圾桶成本的增加。另外，在中国的环境立法中，各种经济刺激工具之间缺少有机的协调与配合，未能形成一个有机联系、互为补充的有效运作整体。从中国现行环境立法对经济手段的调整不难看出，被视为中国环境基本法的《环境保护法》只在其中笼统地规定了"国家采取财政、税收、价格、政府采购等方面的政策和措施"，其他的经济激励型环境政策工具在《环境保护法》中缺失，使《环境保护法》未能对现有的环境经济激励工具起到统筹的作用。中国现行的各种环境经济激励工具都是在各环境单行法中予以规定的，其实施的主体也都是以各种环境管理部门为主，这不仅反映了中国各环境管理部门以自身利益为出发点的环境管理条块分割的现象，同时也不利于环境经济激励工具发挥其组合优势。从制度分析的角度来看，各种制度安排之间相互关联、彼此牵制，它们之间的摩擦和冲突必然会增加制度运行成本，只有它们之间协调一致，才能有效地降低制度运行成本，保证整个制度结构的运行效率。但目前中国环境经济激励工具在实施过程中的政策间的不协调，必然会增加政策实施的难度，从而影响其政策效果。[①]

鼓励再生产品的使用，经济刺激并非唯一或非主要的手段。除传统环境行政规制手段具有举足轻重的作用外，人民的环境意识与经济发展要求、环保团体等非政府组织的活动能力、各种环境信息的透明度及环境监督制度的建立乃至法院的态度等，均直接或间接影响企业决策，且其影响力未必亚于经济性诱因。这也是为什么命令强制这种传统规制性措施仍具有绝对重要性的原因所在。另外，有关非基于污染者付费原则的经济刺激手段，例如仅以增加国家财政收入为目的而征收清理费，除扩大了国家的财政资金来源，实际对固体废物问题的改善并无帮助。经济刺激手段的建立应当以市场机制为核心，市场本身的性质可以使原本必须由行政部门执行的事务自行解决。比如，信息的处理、技术的革新，这些都是无须行政部门紧随其后去处理的固体废物资源化的细节。所以说，经济刺激手段的作用只在于补充命令控制式行政手段的缺陷。

四　加强信息工具的使用力度

除行政手段与经济手段以外，在固体废物资源化的法律控制中，一些信息工具的运用也必不可少。比如，环境信息制度在固体废物资源化过程中必然涉及，促进固体废物资源化的信息公开化，也有利于资源化市场的建立。然而，虽然信息工具的使用对交易主体的利益保障和相关法律的有效实施能起到积极作用，但这种制度和工具的使用在中国还显得很不足。[②] 所以，与信息工具相关的法律制度体系应当

[①] 杨洪刚：《中国环境政策工具的实施效果及其选择研究》，博士学位论文，复旦大学，2009 年。

[②] 应飞虎、涂永前：《公共规制中的信息工具》，《中国社会科学》2010 年第 4 期。

完善。除现有的目录、标签等制度之外，与固体废物资源化信息披露相关的法律制度也应当建立起来。关于固体废物资源化的信息的收集与公布，一方面由行政部门组织建立信息系统平台提供给资源化固体废物的从业者；另一方面由市场的需要自发形成信息交流，促进固体废物资源化活动的发生。

此外，信息提供激励制度在目前的固体废物资源化立法当中尚未建立起来。虽然悬赏举报制度已经广泛地存在于环境保护领域，但是无论是立法者还是执法者，都没有从信息收集工具、信息交易工具这个视角去设定这一制度的功能。[①] 因为，固体废物资源化行为本身是受鼓励的行为，而固体废物非法回收利用只有当其造成了水污染或大气污染时，才容易受到周边居民的反对，进而采取举报措施。故而，这一类信息提供激励机制往往不被认为是固体废物资源化的信息工具。再有就是固体废物资源化行为具有的高度科学技术性，让举报无异于形同虚设。所以，固体废物资源化中的信息提供激励制度可以从两个方面进行加强：一方面是鼓励居民举报那些发生在身边的非法回收和利用固体废物的行为；另一方面是拓展信息收集的来源，重视学者、环境团体等其他信息源，提供更多的场合让其参与，特别是那些环境保护社会团体的参与。

五 提高公众参与和环境教育的水平

公众参与可以提高政府环境决策的质量，降低政府管理环境的成本。政府进行环境决策时，也需要整合各种利益和意见，这是民主决策的需要。在固体废物资源化领域中，当下各地政府热衷的垃圾焚烧发电项目，往往受到当地居民抗议的阻碍。这一方面说明，信息流通还未能到位；另一方面也说明，像垃圾焚烧厂这样的邻避设施选址过程中没有充分的公众参与。在固体废物处理过程中，引入公众参与机制，已经成为完善固体废物分类系统、降低原料回收利用成本必不可少的途径。因此，加强公众参与机制的建设迫在眉睫。公众参与可以

---

① 王清军：《环境治理中的信息工具》，《法治研究》2013年第12期。

作为一种非政府的社会力量，通过不同的参与机制，将社会各阶层和各组织的需要和意见反馈给政府，从而使政府在决策时能更多地考虑到社会的整体利益，进而提高环境决策的质量。充分的公众参与，也可以在社会上形成良好的社会氛围和舆论声势，对个人和政府形成一种无形的压力，促使其认识到自己保护环境的权利和义务，从而加强对环境问题的保护和管理。在城市生活垃圾的资源化过程中，公众参与显得尤为重要。因为，垃圾分类的源头在于各位居民，如果希望生活垃圾分类政策落实下去，就必须依赖每一位居民在丢弃垃圾的源头对其进行分类。具体建议如下：①增加固体废物污染防治公众参与的有效途径；②增强公众参与主体的规模和力量，做到独立、公正、有效地参与监管；③及时公布相关环境信息，提高公众参与的透明度与公开性；④提高环保宣教能力和公众的环保意识，加大公众参与深度和广度；⑤完善公众参与的机制、程序和方式，提高公众参与的可操作性。①

　　不过，也可以采取其他手段来提高公众参与的积极性。影响城市生活垃圾分类政策实现的最大因素就是居民的内在动力。因为，一旦广大居民有了足够的内在动力去进行生活垃圾的分类，则可以大大降低对垃圾分类的监管，从而减少行政成本。诸如与慈善活动结合起来。人类普遍具有同情心，这是慈善活动能够得以开展的前提。而将垃圾分类与慈善活动结合的项目，在中国台湾地区已经有了先例。具体而言，就是在社区中，通过义工上门收集各家各户提前分类好而且又有一定经济回报价值的垃圾，以筹集慈善款。这样，奉献爱心的道德驱动力使得人们在垃圾分类问题上有了更多的内在动力。目前，中国台湾的慈济基金会已经将这种"垃圾换爱心"的模式引入苏州。

　　与之相随的是环境教育与行政指导。这是培养整个社会资源化固体废物意识的途径。在社会环境意识的增进方面，环境教育与行政指导都具有重要的作用，亦是在"命令—控制"式行政手段和经济刺激手段之外的辅助手段。增加宣传教育，培养分类习惯，除通过经济诱

---

① 张雅京：《引入公众参与机制应对固体废物污染》，《环境教育》2013年第11期。

因提高人们进行垃圾分类的内在动力之外，广泛地进行垃圾分类教育必不可少。比如日本等发达国家对其国民从小就进行垃圾分类的宣传教育。垃圾分类这一举动可以通过习惯养成来巩固其效果。这是道德提升层面的内在动力。

第五章

中国固体废物资源化法律体系之完善

第一节　固体废物综合管理的立法

2004 年修改通过的《固体废物污染环境防治法》依旧是一部以污染防治为主体的固体废物立法。早在 1986 年，当时武汉大学环境法研究所研究组草拟的《固体废物管理法（建议稿）》中，就有一章关于"固体废物资源化的管理"的规定，而且有 13 个条文，所占篇幅较大，以彰显其重要性。但是在 1995 年正式出台《固体废物污染环境防治法》的时候，该部分内容就被取消了，因而，相关固体废物资源化的规定也就在法律上留下了空白，直到今天仍没有完善。

一　固体废物综合管理立法的必要性

从 1985 年开始研究起草固体废物立法至今，已经过去 30 多年了，如果固体废物管理的立法还停留在污染防治的层面，显然已经远远跟不上时代的发展。固体废物资源化的活动缺乏法律上的依据，单凭政策层面调控来追求高回收率和高利用率显然是不可行的，尚需法律上明确的制度加以保障。党的十八届四中全会上通过的《中共中央关于全面推进依法治国若干重大问题的决定》（以下简称《决定》）明确提出，立法的时代新精神应是立法引领改革，先立法、后改革。凡是重大改革要于法有据，需要修改法律的可以先修改法律，先立后破，有序进行。《决定》开篇就明确指出"坚持走中国特色社会主义法治道路，建设中国特色社会主义法治体系"。基于以上要求，固体废物管理当中最基本的、最重要的部分应当进入法律规范主体框架当中。制定一部综合性的固体废物管理立法存在以下的必要性。

首先，全过程的固体废物管理原则要求固体废物的污染防治与资源化过程必须综合考虑。固体废物管理的"无害化、减量化、资源化"原则是一个整体系统的原则，不能简单地割裂开来分别对待。如果仅仅只是以污染防治为目的的无害化处置固体废物，终究难以应对日益增长的固体废物数量，如此众多的固体废物何去何从，仍是个摆在决策者面前的大问题。因此，资源化是固体废物最终的出路，只有对固体废物资源化，才有可能实现其无害化和减量化的目的。但是，立法上的割裂，让固体废物的无害化、减量化和资源化无法在一个系统内得到解决。不同管理体系之间的政策冲突降低了固体废物管理的效率，更何况，政策的不统一与法律制度的失衡，让固体废物污染防治与资源化在实践上有着很大的不同。重污染防治，轻回收利用，成为目前固体废物管理立法的重大缺陷。所以，一部整合固体废物污染防治和综合利用的法律是提高管理效率和解决政策彼此不配合的重要途径。固体废物综合立法应当作为固体废物管理工作当中的一部基本法，可以从固体废物管理的基本原则、管理范围、基本制度、主要措施等方面，为固体废物的全过程管理提供基本法律依据。

其次，固体废物资源化方面已经存在大量的法规、部门规章和地方规章以及相关政策文件。这些法律文件和政策文件已经为规范固体废物资源化行为提供了大量的依据。只是，许多的行为规范需要上升到法律的层面，以获得更高级别的法律效力。将固体废物资源化的行为通过高级别的法律规范加以规定，其目的不仅仅只是通过人大立法对目前的行为规范进行确认，更重要的是，通过人大的立法来彰显固体废物资源化的重要性，具有理念宣示的效果。

再次，国外立法经验证明，固体废物的管理需要综合性的立法。1996 年德国的《循环经济和废物管理法》当中把固体废物的资源化放在了固体废物管理的核心地位。它的根本宗旨是：强调固体废物第一要减量化，特别是要降低废物的产生量和有害程度；第二是作原料再利用，或从中获取能源（能源再利用）；只有当固体废物在当前的技术和经济条件下无法进行再利用时才可以在"保障公共利益的情况下"进行"在环境可承受能力下的安全处置"。① 德国在几十年固体废物处理的过程中，逐步完善了其法律体系。《循环经济和废物管理法》明确了固体废物管理的准则，确立将一部分固体废物"循环利用"作为循环经济圈中的目标。同时对于固体废物的处理进行全过程管理，在《循环经济和废物管理法》的框架下制定了一系列关于技术、管理的相关法律、规范、条例、导则进行严格的监督管理。② 日本通过一系列固体废物资源化立法，构成了一个完整的固体废物资源化法律体系。其中居于中心地位的法律是 2001 年制定的《循环型社会形成推进基本法》，2001 年修订的《废物管理法》以及同年制定的《资源有效利用促进法》。与 1991 年修正的《废物管理法》相比，新修订的《废物管理法》将尽量避免废物产生和循环利用废物进行了一体化，它的目的从"正确处理废物"转变成"控制废物排放和正确进行废物管理"，之后，"废物减量、循环和正确处置"成为废物管理措施的基本原则。特别是在 2000 年以后，将特别物质的再生利用专门立法提到很高的地位，以突出废物资源化的重要性。当然，也有学者认为，有必要把《促进建立循环型社会基本法》和《废物管理法》合并。③

最后，通过固体废物综合管理立法的方式，整合管理资源，理顺管理体制。目前，固体废物管理体制过于复杂，管理权限上的重叠与空白导致在某些固体废物管理方面，不同的行政主管机关争权，如在电子废物拆解和回收利用的管理方面；而在某些方面，这些部门之间又互相"踢皮球"。管理体制一向是个重要而又需要深入探讨的话题，基于固体废物综合管理的需要，去构建一个合理的管理体制，是固体废物综合立法中需要突破的地方。

---

① 国家环境保护总局污染控制司：《固体废物管理与法规——各国废物管理体制与实践》，化学工业出版社 2004 年版，第 106 页。

② 同上书，第 109 页。

③ 同上书，第 125 页。

二　固体废物综合管理立法的可行性

显然，随着经济高速发展，当下的中国已经成为第二大经济体。在固体废物资源化的技术和资金投入方面，已经不存在障碍。1985 年开始所设计的固体废物管理法已经具备了现实的实践基础。所以，既然 30 多年前就开始设想综合性的固体废物管理立法，现如今不妨将其再付诸实践。以当前中国的现实状况，制定一部综合性的《固体废物管理法》既是必要的，也是可行的，具体表现在以下几个方面。

第一，固体废物只是个相对的概念，人们常说固体废物是放错了位置的资源。在某些场合下，它们是废物；但在另一个场合下，它们却又是资源。所以我们可以说，固体废物只是没有得到适当利用或者处于不适当位置的物质资源。在 20 世纪 80 年代起草固体废物立法的时候，由于科学技术水平的限制，这些放错了位置的资源还无法通过立法对其资源化的行为加以规范。但是，随着近几十年来，中国科技水平的高速发展，一个较高的回收利用率已经是在现实中可以达成的目标。而相关的法律规范却迟迟不出台，就显得和社会现实有些脱节。因此，最初固体废物立法过程中所面临的技术阻碍问题，在今天已经不复存在。

第二，人为地割裂环境保护活动和经济发展活动，在今天的可持续发展视野下，显得不合时宜。而且，如今关于环境保护的研究已经提高到了整体论和系统论的水平，将一个整体的生态系统中相互关联的固体废物污染防治和固体废物资源化活动结合起来进行考虑和规制，是对可持续发展理念的全新阐释。在新的理念指导下，以法律关系的特殊性来分隔有着密切联系的社会活动，在规制过程中必然会产生部门间利益的摩擦。而且，中国正在进行大部制改革，与环境保护和经济发展有关事务的管理，也有在管理体制上调和的空间。这就为进行固体废物综合立法提供了管理体制的前提保障。

第三，已有大量的行政法规、规章和法律性文件为固体废物综合性立法提供了实践的参考。虽然法律层面上一直没有明确详细的关于固体废物资源化的立法，相关的立法只是散见于《固体废物污染环境防治法》和《环境保护法》等法律中，而且其规定还很抽象，缺乏可操作性；但国务院及其各部委所颁布的法律文件中，却已经存在一些与固体废物资源化相关的行政法规和部门规章。这些规章在现实中大量运用，指导着固体废物资源化工作。然而，这些行政法规和部门规章之间缺乏必要的联系和严密的内在逻辑，仅仅只是针对个别事项的规定，缺乏整体性和系统性的考量。所以，基于这些大量的实践基础，提出一个包含固体废物资源化法律规范的固体废物综合立法显然是可行的，这也为协调目前已有的社会实践提供了契机。

第二节　固体废物资源化法律原则的更新

法律原则是贯穿整部法律的灵魂，因其极度的抽象性和普遍的使用性，在缺乏法律规范的时候，可以作为判断正义的依据。所以，一部法律的法律原则体现的是整部法的核心价值取向。目前，固体废物资源化立法上被广泛接受的法律原则是所谓的"3R"原则，也即减少废物产生（Reduce）、重复使用（Reuse）和循环利用（Recycle）三原则。这些原则不仅代表了当代固体废物资源化最先进的理念，也是固体废物现状下必须遵守的处置原则。因为，固体废物问题已经极大地威胁到社会、经济和环境的可持续发展。中国目前的固体废物立法中所采用的是"减量化、无害化和资源化"的"三化"原则，这个原则与"3R"原则之间有着联系，但也存在着不同。笔者意欲比较"3R"原则与"三化"原则之间的异同，以论证固体废物综合性立法中，"3R"原则当优于"三化"原则。

一　从"三化"原则到"3R"原则的改变

在《固体废物污染环境防治法》当中，其法律原则是"减量化—无害化—资源化"的"三化"原则。结合该法的立法目的，我们可以发现，"三化"原则的核心价值取向，乃是以防止固体废物对环境造成污染为核心的污染防治。也就是说，"无害化"居于该法律原则的中心地位。所谓的"无害化"，即是指将废物内的生物性或者化学性有害物质，进行无害化或安全化处理，如利用焚烧处理或化学处理，将微生物杀灭，促进有毒物质氧化或分解等。这样的选择与当下中国的实践是匹配的。由于管理体制上的问题，环境保护行政主管部门的职责被局限在固体废物的污染防治之上，而相关的减量化和资源化，并不是其工作的重点。所以，"三化"原则侧重于在减少固体废物产生量的前提下，减少固体废物对环境可能产生的危害。但是，根据2001 年国家环保总局抽样监测调查，全国垃圾无害化处理率不足20%，现有垃圾填埋场中 27% 没有任何防渗措施；39% 没有渗滤液收集、处理设施，已对周围地下水体、地表水体、土壤等造成严重污染。垃圾焚烧处理存在烟气排放不达标、飞灰没有按照危险废物进行安全填埋处置等问题。垃圾堆肥产品用于农田，虽在一定程度上可以改善土壤，提高部分农作物产量，但对土壤造成重金属污染，农产品的安全、卫生等难以保证。所以，以"无害化"为核心的固体废物管理原则，在实践当中并不能完全解决固体废物造成的种种环境问题、社会问题和经济问题。

　　如果说，"三化"原则是适应固体废物污染环境防治而应运而生的法律原则，则在固体废物综合管理中，"三化"原则中的无害化原则需将优先顺位让位给资源化原则。循环经济的理念提倡将废物原级资源化和次级资源化相结合，以充分实现资源的再循环利用。一般原级资源化在形成产品过程中可减少 20%—90% 的原材料使用量，而次级资源化则可减少 25%。目前发达国家的再生资源回收总值 3000 亿美元，占世界国民生产总值的 1%，而中国再生资源的回收总值远远低于中国占世界国民生产总值的相应比例。[①] 也就是说，中国的固体废物资源化水平远远落后于发达国家。以当下中国作为第二大经济体的地位来说，若不能将固体废物资源化水平提高，则在不久的将来，资源短缺的问题会成为经济发展的掣肘。

---

　　① 韩庆利、王军：《关于循环经济 3R 原则优先顺序的理论探讨》，《环境保护科学》2006 年第 2 期。

从"三化"原则到"3R"原则的改变，核心就是从无害化原则优先改变为资源化原则优先，特别是在城市生活垃圾的管理当中。固体废物的管理必然要寻求资源化的方向，固体废物问题已经迫在眉睫。所以，相关的立法有必要跟进。而立法跟进的前提，在于立法理念的更新。所以，用"3R"原则替代"三化"原则是这种理念变化的表现。

"三化"原则所强调的污染防治乃是一种末端治理的管理思路。这种末端治理的思路难以适用现实社会的需要。固体废物的产生量逐年增加，若仅仅还停留在无害化的管理思路上的话，则不利于固体废物的管理，毕竟如果不能减少需要最终处置的固体废物数量，则垃圾填埋、焚烧等场所的压力只会越来越大。"3R"原则中强调的不仅仅是固体废物产生后的重复使用和循环利用问题，更重要的是，在开发设计新产品的时候，就应当考虑到将来产品报废后的回收利用。

二　"3R"原则的核心价值取向

《循环经济促进法》中，对循环经济的定义是，"在生产、流通和消费等过程中进行的减量化、再利用、资源化活动的总称"。其中，"减量化、再利用和资源化"大体上就是"3R"原则中的"减少废物产生—重复使用—循环利用"了。仔细考察这部法律，其中并没有一个明确的法律原则。这就是说，在国际上被广泛接受的"3R"原则，并不是我们认为的这部法的法律原则。况且，该法只明确了减量化优先的原则，对于"3R"原则剩下的顺序并不像德国法律规定得那样明确。

本书在第一章分析了"3R"原则的内涵。其实，在"3R"原则中，三个不同的原则也有着先后顺序。"3R"原则的优选顺序是：减少废物产生—重复使用—循环利用。在"3R"原则之下，除减量化这个原则居于绝对的优先地位之外，重复使用的次序优于循环利用，盖因循环利用所耗费的能源和资源比重复使用来得多，况且所潜在的二次污染也严重得多。但是，无论是重复使用还是循环利用，其核心价值都是资源化。与目前的《固体废物污染环境防治法》所侧重的不同，在减少固体废物产生的前提下循环利用资源是"3R"原则所追求的价值目标。

"3R"原则建立在废物层级（Waste Hierarchy）的概念之上。所谓的废物层级是一种用来评估在资源和能源消费时，其行为对环境友好性高低的工具。分级建立在各种不同行为的可持续性的优先次序之上。废物分级的目的就是要从产品中获得最大的利益（包括经济利益和环境利益），并最小化废物的排放（如图5-1所示）。

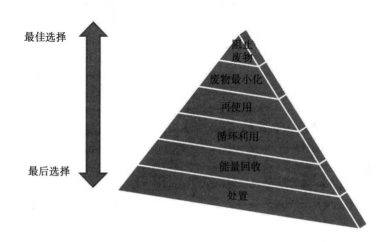

最佳选择
最后选择

阻止废物
废物最小化
再使用
循环利用
能量回收
处置

图5-1　废物层级（Waste Hierarchy）

从原材料的开采到产品的制造、流通、消费和处置的各个环节，所有的产品和服务都有着环境影响。按照废物层级理论，就可以找到最佳资源消耗和环境友好的选择。废物层级的概念来源于产品生命周期理论。该理论是美国哈佛大学教授雷蒙德·弗农于1966年提出的。他认为，"产品生命是指产品在市场上的营销生命，产品和人的生命一样，要经历形成、成长、成熟、衰退这样的周期。就产品而言，也就是要经历一个开发、引进、成长、成熟、衰退的过程"[1]。产品生命周期理论很好地解决了识别产品如何对环境最有利的问题。也就是说，通过对产品生命周期的管理，可以减少产品对

---

[1]　Raymond Vernon，"International investment and international trade in the product cycle"，*The International Executive*，Vol. 8，No. 4，1966.

环境的影响。

　　废物层级的概念一经提出，就被欧洲1975年的《废物框架指令》所采纳。在《废物框架指令》中，第一次将废物层级的概念用于欧洲的废物管理。其重点强调的是废物的最小化。在此基础之上，便形成了现在世界各地通行的"3R"原则。

第三节　固体废物资源化管理体制的变革

　　如前所述，目前中国在固体废物资源化的管理体制上存在种种弊病，且导致固体废物资源化的管理跟不上时代的需求。因此，以提高资源化为核心的固体废物综合管理势在必行。

一　改变以往设置固体废物资源化管理机构的思路

　　为了改变中国固体废物资源化的现状，应当将分散在各个部门之中的固体废物资源化管理职权相对集中。特别是当固体废物的污染防治与综合利用是一体两面的问题时，二者不该人为地割裂开，由不同的行政部门来监督管理相应的资源化过程。在大部制改革的背景下，职权相对集中意味着固体废物资源化管理的事权向一个部门集中，由一个行政部门来行使监督管理职能，以提高行政效率，减少多头管理中存在的内在消耗和冲突。

　　中国目前将固体废物的管理与综合利用的管理职权割裂开来，源头可以追溯到《固体废物污染环境防治法》最初的草案。1985年，国家启动制定固体废物管理法的时候，一度固体废物的污染防治和综合利用是准备在同一部法当中加以规定的。在若干个草案版本中，都包含"综合利用"一章。而相应的管理体制的规定，主要为："各级人民政府的环境保护部门，对固体废物实施统一监督管理。各级人民政府的综合经济管理部门协调固体废物资源化工作，并对其实施监督管理。各级人民政府的环境卫生管理部门，对一般固体废物实施监督管理。"（版本一）"各级政府的经委设立固体废物综合利用主管机构，负责制定方针、政策和发展规划、疏通资金渠道、沟通资源信息、组织综合利用技术市场，实行技术有偿转让。协调部门之间、企业之间的关系，统一领导工业固体废物的综合利用。生活垃圾、粪便，由环卫管理部门统一组织综合利用。凡可做工业原料的废旧物资，由商业部门统一组织回收、加工、销售。各级政府的环境保护部门对固体废物的综合利用，负有检查、督促之责。"（版本二）[1] 虽然最终关于固体废物的立法只选择了污染防治，即《固体废物污染环境防治法》，但立法之初是包含了对固体废物进行综合管理的思想的。只是这种思想，在管理体制的设置上就遇到了多头管理的困境。

综上所述，固体废物资源化的多头管理中，最大的障碍在于部门之间利益的冲突难以协调。各个部门很难将自己所管理的那一部分职能交与其他行政部门。况且，固体废物的回收、利用及其相关的渠道建设都和商业、市政等部门息息相关。这种状况的存在，既能解释我国在立法上为何没有选择综合性的固体废物管理法，也能解释现存固体废物资源化管理体制的桎梏之处。中国固体废物资源化管理体制必须改变以往分部门管理的思路。因为部门之间有实力强弱的差异，而环境保护部门并不是强势的那一个。

二　学习借鉴域外固体废物资源化管理体制的经验

域外许多国家都将固体废物资源化的管理放在环境保护部门。如日本，2001 年将环境厅升格为环境省（即环境部），下设废物管理和再生利用司，主要工作是控制废物产生、促进再生和循环利用、合理处置废物，以保护生存环境和充分利用自然资源。又如韩国，1990 年将其环境署升格为环境部，下设废物管理和再生利用局，主要的工作是负责韩国国内废物的管理，促进废物减量和再生利用，制定废物处理的整体规划，扶持达到废物减量和循环利用目标的工业发展，并对有害化学品物质进行管理。该局下设五个处：废物管理政策处、城市固体废物管理处、工业固体废物管理处、资源循环利用处和化学品管

---

① 武汉大学环境法研究所：《固体废物管理法立法研究资料》，内部资料，1985 年。

理处。再如丹麦，其环境部下设环保局，而环保局下设工商业废物处和家庭废物处。两个不同的部门分别负责工业固体废物和生活垃圾的回收利用管理。主要工作是促进废物的回收利用、促进废物减量化、制定政策、废物管理的地区协作、实施垃圾分类以及制定未来环境政策等。[①]

通过对以上列举的这些国家的分析，可以看出这些国家普遍将固体废物的综合利用的职能放在了环境保护的行政部门之下，并且将综合管理的理念充分地运用在管理体制的设置上的特点。为了最大限度地控制固体废物污染，实现废物资源的循环利用，在循环经济的思想指导之下，固体废物管理的重点不再单纯地局限于如何实现固体废物的安全、卫生处置，而是要遵循全面化和层次化的原则，从固体废物的产生、排放、运输、处理、利用到最终处置各个环节进行全过程的管理，从管理机构建设、源头削减的实现、循环利用的优化、最终处置的无害化等方面进行加强。[②] 这反映在管理体制的设置上，表现为将固体废物减量化、无害化和资源化的全过程置于统一的监督管理之下。通过在环境保护部门当中设置固体废物综合管理机构来保持全过程的管理。

三　设立固体废物综合管理机构的设想

固体废物综合管理包含了固体废物的污染防治和综合利用两个方面的工作，这是一体两面的事情。为了实现固体废物的污染防治，资源化将是一个根本的解决途径；而在固体废物综合利用的过程中，依然要防止固体废物的资源化可能带来的二次污染问题。所以，在整个固体废物的管理过程中，污染防治和综合利用不能截然地割裂开来。固体废物综合管理，又称为可持续的废物管理（Sustainable Waste Management），是一个以市场为导向，具

---

① 国家环境保护总局污染控制司：《固体废物管理与法规——各国废物管理体制与实践》，化学工业出版社 2004 年版。

② 崔兆杰、谢峰：《固体废物的循环经济——管理与规划的方法和实践》，科学出版社 2005 年版，第 20 页。

有弹性和社会可接受性的综合管理体系。① 所以，为了有效管理固体废物，并促进固体废物的资源化，依据市场经济的要求，建立科学、合理的管理体制十分有必要。而管理机构的设置，应当以市场化和具有弹性的管理为原则，将现有分散在各个部门当中的固体废物污染防治职责、固体废物交易市场建设职责、固体废物收集、清运、分类职责等合并。

党的十九大以来，政府机构改革的趋势是将环境资源相关业务合并到一起，组建新的生态环境部和自然资源部。那么就可以在环境部下设固体废物综合管理局，以替代生态环境部现有的以污染防治为主的固体废物管理机构。固体废物资源化、市场化以及提高综合利用率的职责从现有商务、经济计划等部门转移到新的固体废物综合管理局当中来。并且，充分利用现有的市场交易体系来促进固体废物的资源化，利用市场的调节能力来促进中国固体废物资源化工作，减少固体废物资源化过程中的行政审批环节。仅仅只针对那些可能导致严重污染或本身有毒性、有害性极强的固体废物进行重点监管。放宽禁止资源化的危险废物种类，对于再利用技术已经成熟的危险废物应当允许其进入资源化的市场。

设立固体废物综合管理机构并不是设计一个具有超级管理权限的庞大行政机构，而是要配合社会多元治理的要求，以行政配合市场经济的发展而设立相关机构。现代社会发展过程中，社会治理范围的扩大与社会公共管理的加强，以及社会公共福利含义的拓展，使传统的政府角色无法解释现代公共管理的现实，传统的政府管理职能被逐渐瓦解，从而塑造了政府管理的新角色。新的固体废物综合管理机构应当以市场化的、财政的手段以及非市场的行政力量，通过制定法律和政策，推动、调控和引导固体废物资源化活动的市场化。

---

① Forbes R. McDougall, Peter R. *White*, *Marina Franke*, *Peter Hinle*, *Integrated Solid Waste Management*：*A Life Cycle Inventory*, Oxford：Blackwell Science Ltd.，2001，p. 18.

第四节　固体废物资源化法律制度的改进

中国现行的涉及固体废物资源化的法律并不多，仅《固体废物污染环境防治法》《清洁生产促进法》和《循环经济促进法》。后二者还多以政策宣示性的法律规范为主，所以，在固体废物资源化的立法中，法律制度的构建还不够完善。本书前四章所讨论的各种固体废物资源化政策工具都需要通过法律规范的形式获得法律上的执行效力。因而，完善中国的固体废物资源化法律体系，对于落实固体废物资源化政策和法律有着显而易见的重要性。

一　法律保留事项与明确性授权的规定

"法律保留原则"是指特定领域的国家事务，应由立法者以法律的形式进行规范，行政机关若非有法律的依据，不得以行政法规或部门规章的形式加以规范。法律保留的价值在于拘束行政权力以保护公民基本权利免受侵犯、规制授权立法以防立法不作为或肆意立法、有效化解授权立法的困境以贯彻宪法理想等。① 在涉及公民自由权利的问题上，法律保留原则的适用自然无疑。但是，关于国家给付行政，是否适用法律保留原则，则需更多的探讨。

在固体废物资源化现行法律规范当中，法律保留原则的适用似乎不甚清晰。一方面，由于相关的固体废物资源化法律层面的规范较少；另一方面，立法过程中，立法者往往也忽视了这个问题。目前，在鼓励固体废物资源化的政策和法律当中，多是以贷款、补贴、保证及奖助金等为内容的行政行为，这些行为绝大多数没有法律上的明确依据。依法行政是当今中国实现法治的重要途径，随着现代行政的发展，侵害行政的领域越来越小，但是在给付行政领域内，由于涉及政府动支财源的行为，特别是为了公共利益而长期固定地做出给付行

---

① 胡荣：《论法律保留的价值》，《政治与法律》2010 年第 9 期。

为，因此，政府的给付行为，既然会对一部分人给付，就意味着对另一部分不给付或少给付，这样给付行政就必须受到法律保留原则的支配。

所谓的"明确性授权"，是指行政命令的制定，除在形式上需要有法律的授权以外，授权的母法必须对于授权的内容、目的以及范围给予明确的规定。若授权规定本身过于笼统，则不符合上述要求。不仅该授权本身因违反明确性授权的要求而无效，根据该授权所制定的行政命令亦将因失去授权依据，而并归于无效。明确性授权旨在避免行政借概括授权之便，僭越立法者，以命令代替法律。并禁止国会以空白、概括性授权的方式，逃避立法决策责任。[1] 各国对"明确性授权"的认定所采取的标准和方式有所不同，但其中所蕴含的明确性目标是一致的，委任立法应有明确的授权依据，在所制定的法规、条例等文件中，必须标明授权法的全称、有关具体条款、生效时间等。制定法规命令时，如果已有相应的基本法律和法律，则应加以具体引用。[2] 在环境保护立法当中，委托立法和授权立法的现象非常常见，因为环境保护立法中涉及诸多与技术标准和执行程序有关的内容，无法在法律当中得到体现，例如，与固体废物资源化有关的目录、基金等制度，都需要授权行政主管部门立法来加以细化。

（一）回收率的制定

所谓回收率，是指从事回收的企业和个人（业者）于一定期限内回收的废物量与其营业量之百分比。业者应限期达成中央主管机关订定之回收率为各回收办法之规定。[3] 中国现行立法中涉及固体废物资源化的部分没有明确地规定回收率。相关的固体废物回收率都是通过计划、规划等政策手段加以确定，如 2011 年国土资源部发布的《矿产资源节约与综合利用"十二五"规划》。其中要求，"到 2015 年，

① 汤德宗：《废弃物资源回收制度改进之研究》，台湾"行政院"研究发展考核委员会 1997 年编印，第 75—76 页。

② 钱建华：《简论授权明确性原则》，《甘肃政法学院学报》2005 年第 1 期。

③ 汤德宗：《废弃物资源回收制度改进之研究》，台湾"行政院"研究发展考核委员会 1997 年编印，第 79 页。

大中型重点矿山开发效率保持在较高水平，石油采收率保持在30%以上，煤炭采区回采率保持在85%以上，铁、铜、铝等重要矿产资源开采回采率保持在85%以上、选矿回收率保持在80%以上。小型矿山开发水平得到全面提高，开采回采率、选矿回收率在现状基础上，平均提高3—5个百分点。2015年与2010年相比，在动用相同资源储量的情况下，多回收资源5%。80%的达到综合利用品位的共伴生矿产得到全面回收。8%—15%的石油、天然气、铁、锰、铜等重要矿产的难利用资源转化为可利用资源。尾矿实现减量化应用和有价元素综合回收。东部、中西部和东北煤矸石综合利用分别达到90%、60%、75%"。2012年国家发展和改革委员会印发的《"十二五"资源综合利用指导意见》和《大宗固体废物综合利用实施方案》中提出，到2015年，中国的主要再生资源回收利用率将提高到70%，其中再生铜、再生铝、再生铅占当年总产量的比例，分别达到40%、30%和70%。由此可见，中国的固体废物回收率是通过政策文件的形式提出，而在法律规范上，对回收利用率没有任何规定，亦无明确授权性法律规范。

固体废物资源化的核心就在于固体废物的回收率。2004年修订的《固体废物污染环境法》、2008年通过的《循环经济促进法》以及2012年修订的《清洁生产促进法》当中，都没有针对固体废物回收率的法律规定。存在这种立法空白的原因很明显，那就是这三部法律都不直接针对固体废物的资源化。因而，像固体废物回收率这种典型的命令控制式的行政规制手段，没能进入法律。只能从中央一些部委所发布的政策性文件当中，找到目前中国固体废物回收率的政策目标。政策中的回收率自然缺乏法律规范的强制性和约束力。

由于在法律上规定固体废物的回收率，属于固体废物的强制回收问题，涉及人民财产处分上的重大利益，因而需要在法律当中作为保留事项予以规定，不能简单地作为一个政策目标在政策性文件中予以描述。但是，法律上明确规定回收率并不意味着所有种类的固体废物都要执行统一的回收率。不同的固体废物根据其性质和利用价值的差异，执行统一的回收率明显是不公平的，也是不合理的。比如，日本的《家用电器回收法》中规定了家用电器零部件及材料的回收比例标准。具体为：空调不少于 60%；彩电不少于 55%；冰箱不少于 50%；洗衣机不少于 50%。

但是，在立法中规定带有强制性的回收率，对于居民和企事业来说，所施加的义务明显较以往要多。中国一向没有很好地贯彻实施垃圾分类制度，对于固体废物的回收率如何保障实施和监督，也是相继而来的问题。但不能仅仅只依靠经济诱因的方式来引导居民和企业从事固体废物资源化的活动，以提高固体废物回收率，而应当在立法中加以规定。至于具体的不同种类的固体废物回收率，则应明确委托给相关行政主管部门来制定，而回收率的制定、发布和监督等内容，涉及广大民众的自由与财产被限制与剥夺的内容，则需作为法律保留的内容加以规定。

（二）政府性基金与补贴

20 世纪 30 年代以来，伴随着政府职能的扩张，随之而来的是政府规模与政府运行成本的不断增大。为了应付巨大的行政成本，政府会专门成立基金以应对专项的行政任务需要。政府性基金制度在环境保护领域中经常被用到。因为，环境保护工作是一项耗资巨大的系统工程，一般财政投入难以应付如此巨大的资金需求。资源综合利用资金不足，一直是困扰综合利用的重大问题之一。有些环境效益、经济效益、社会效益均好的综合利用项目之所以难以上马，就是因为前期投入很大，建设资金难以解决。如果建立资源综合利用基金制度，就可以拓宽资源综合利用资金的筹措范围，为资源综合利用提供一个固定的资金渠道。①

根据财政部 2010 年颁布的《政府性基金管理暂行办法》规定，政府性基金是各级人民政府及其所属部门根据法律、行政法规和中共中央、国务院文件规定，为支持特定公共基础设施建设和公共事业发展，向公民、法人和其他组织无偿征收的具有专项用途的财政资金。

---

① 王灿发：《我国资源综合利用立法所存在问题及其对策分析》，《环境保护》1998年第 8 期。

在固体废物资源化立法中，2009 年国务院颁布的《废弃电器电子产品回收处理管理条例》中，确立了废弃电子产品处理基金。该基金的主要用途是对于那些回收处理废弃电器电子产品的企业所耗费的回收处理成本进行补贴，以鼓励更多的企业投身到废弃电器电子产品的回收处理活动中来，并提高回收率。废弃电子产品处理基金的来源主要是向电子产品的生产者、进口电器电子产品的收货人或者其代理人征收。

关于政府性基金的性质，有学者认为："政府性基金有三大特点：政府的主体性、资金的财政性和用途的特定性。将这三个特性与税收比较一下，显示出政府的主体性和资金的财政性和税收所具有的性质相类似。唯一的区别就是，税收收入在用途上没有专门的限定，它所满足的开支基于社会公共需要，而政府性基金必须用于指定的领域，因而具有用途的特殊性。"[1] 政府性基金是政府凭借政治权力强制性无偿征收的，与税收的性质基本相同，可谓典型的"准税收"。只是政府性基金一般不直接与被征收主体发生管理或服务关系，是具有特定目的的收入。[2]

根据以上的分析可以发现，政府性基金并不是税收，但它与税收又非常接近。德国法体系中，有一种制度叫环境公课，它是由政府干预并建立的一套分配机制，将人们向来不重视的环境使用或环境污染所造成的社会外部成本内部化，以合理地将成本反映到因使用环境或污染环境而获利之人的身上，使其在考量减少本身之成本负担之前提下，自愿地避免或减少造成环境负担以解决日益严重之环境问题，并同时排除市场上不公平的竞争。而此一分配机制与费用负担相结合即是环境公课之课征。[3] 环境公课的特殊性体现在：（一）是针对社会上的团体而征收，而这社会上一定的团体须通过共同的利益及事务，与其他团体有所区别，亦即须具有同质性的团体；（二）公课须保障该团体的利益，即须以该团体的利益为主，来达成该团体必须缴纳特

① 孙志：《政府性基金问题的思考》，《中国财政》1998 年第 5 期。

② 朱柏铭：《厘定"政府性基金"的性质》，《行政事业资产与财务》2012 年第 2 期。

③ 陈慈阳：《环境法总论》，中国政法大学出版社 2003 年版，第 273 页。

别规费的义务；（三）征收的理由必须持续存在，这叫规费征收期间的正当性。所以，具有环境公课性质的政府性基金的征收，实质上是对企业和个人财产的剥夺，以达到筹集资金和调节市场的目的。正是因为这类政府性基金涉及对居民财产的剥夺和重新分配，所以，必须遵守法律保留原则，以法律来确立其规范。具体操作程序，可以以明确的授权形式，授予行政主管部门来执行。但是，在目前中国立法当中，主要是因为缺乏法律层面上的规范，导致客观上不能遵守法律保留原则和明确性授权原则的要求。

二　守法监督方式的改变

由于中国的工业固体废物和城市生活垃圾是由不同的行政主管部门进行监督管理，所以，二者的监督管理方式有着很大的不同。工业固体废物的产生、收集、运输和处理都由环境保护行政主管部门主管，而其中的清运和处置一般由企业自行完成，即便不能自行处置的，法律上也规定了必须交由第三方进行妥善处置。但是，在城市生活垃圾方面，清运和处置的主体都是城市建设和环境卫生行政主管部门，特别是在清运方面，现有的清运方式非常不利于城市生活垃圾的分类收集和处置。城市生活垃圾的监督管理方面还存在着诸多需要改变的地方。

以往，我们总是将城市生活垃圾分类收集的失败归因于城市居民的素质无法跟上要求。但是，我们需要考虑一个重要的问题，那就是是何原因促使人们遵守法律规范。法律的实施不可能只靠道德的约束。一方面，人们遵守法律是因为有内在的动力，比如可以获得经济上的利益或者作为一种实现社会共同契约的行为；另一方面，则是害怕受到惩罚而遵守法律。所以，将城市生活垃圾分类政策失败的原因归结为人们的素质不高，这样的论断是一个伪命题。我们制定了相关的法律规范，如果想要实现它，就必须给出相应配套的实现机制，比如监管机制。

以目前的垃圾丢弃与收集流程来看，城市居民丢弃垃圾时，几乎没有受到监管，只靠居民的道德自觉无法保障城市生活垃圾分类政策的实现。在城市生活垃圾分类政策实施情况比较好的国家里，存在着一个与中国大陆地区明显的不同，那就是上门收集的措施。比如，在中国台湾地区台北市，城市生活垃圾的收集是由专门的垃圾清运车每天定时上门收集，而不是像大陆地区这样由居民丢弃在某个指定的位置，再由垃圾清运车辆来收集。明显前者更容易监督每户居民在丢弃垃圾时是否做到了分类。

监管机制与合理的制度设计相配合，有助于人们改变行为习惯，从而达成政策目标。而习惯一旦养成，就可以使得相应的管理成本下降。中国台湾地区台北市便是如此，垃圾强制分类措施几乎是一夜之间实施的。这项措施改变了人们一贯以来丢弃垃圾的模式：从定点丢弃到上门收集，而且只有周一到周六可以丢垃圾。这样的措施在早期遭到强烈的抗议，政策的实施需要大量的监管力量，但到后期行为习惯一旦产生，政策实施的成本自然就会下降。该政策实施这么多年来，居住在台北市的人们已经习惯了这种丢弃垃圾的行为模式。人们往往觉得，针对广大的居民进行监督是一种不可能的事情，这将涉及巨大的行政成本。然而，我们可以减少垃圾收集后的集中分类机构，将这一部分从业人员转移到垃圾收集中来，从而既保证这部分从业人员就业，也无额外增加人员。

改变现有的垃圾收集方式，主要涉及两个方面：其一是改变现在的城市垃圾清运方式。如果城市垃圾清运车辆不能做到分类清运，则居民所作出的垃圾分类努力会化为泡影，也无法达到城市垃圾分类政策所要实现的目的。所以，配备专门的垃圾分类车辆是垃圾清运的前提。其二，改变人们丢弃垃圾的习惯，从无人值守的定点垃圾收集装置，改为定点定时垃圾收集，这有助于进行垃圾分类丢弃的监督。目前，很多发达国家都采用这种生活垃圾收集方法。这对于中国城市居民长期以来的垃圾丢弃习惯会造成很大的冲击。但是，中国台湾地区台北市从定点丢弃到定点定时丢弃的改变，几乎是在一夜之间发生的，虽然给人们带来了很多不便，但是极大地提升了垃圾分类的政策实施效果。况且，在居民分类丢弃垃圾的内在动力不足的时候，强制的外在监督是保证垃圾分类政策有效实施的必要手段。

三　拓宽公众参与的途径

正如本书前面章节分析的那样，现行的固体废物立法中，缺乏足够的渠道使广大公众参与到环境的决策之中。因而，越来越多的邻避效应在各地酝酿和发生。与之相对应的是，以广州为代表的地方，又在进行新一轮城市生活垃圾分类政策的试点和推广，但缺少了公众参与的垃圾分类政策，依然是"无源之水，无本之木"。固体废物资源化中的公众参与可以从固体废物处置设施选址过程中的公众参与和垃圾分类过程中的公众参与两方面加强。

（一）固体废物处置设施选址过程中的公众参与

在降低邻避效应的过程中，确立一个科学民主的决策机制显得尤为必要。《环境影响评价法》虽然规定了建设项目环境影响评价中的公众参与，但目前在邻避性设施的选址与建设过程中，有公众参与的所占比例并不大，而且效果也不明显。公众的参与对于最终的决策能起多大的作用是存在疑问的。就中国的现实情况而言，垃圾焚烧厂周边的居民参与到决策过程中的角色不过是征求意见的对象，而非谈判的对象。邻避效应其实是一个沟通的问题。[1] 环境影响评价过程中各方角色的不同，导致了其意见最终对于建设项目是否有实质性的影响。邻避设施选址的谈判过程是一个博弈的过程，它利用双方的竞争来达成一个意思上的一致。但是，目前的法律制度无法提供谈判必需的制度基础，也就无法实现建设项目的开发者或政府与周边居民的谈判。事实上，只有通过双方充分的谈判，才能让利益受到影响的人获得足够的补偿，以承担垃圾焚烧厂可能带来的风险，从而减少或降低邻避效应的影响，促成垃圾焚烧厂项目的开工建设与投产运营。而且，通过充分的谈判，信息才能得到有效的交流，从而消除邻避设施周边居民对风险的厌恶情绪。

---

[1]　Barak D Richman, "Mandating Negotiations to Solve the NIMBY Problem: A Creative Regulatory Response", *University of California Los Angeles Journal of Environmental Law & Policy*, Vol. 20, 2001—2002.

（二）垃圾分类过程中的公众参与

影响城市生活垃圾分类政策实现的最大因素就是居民的内在动力。因为，一旦广大居民有了足够的内在动力去进行生活垃圾的分类，则可以大大降低对垃圾分类的监管，从而减少行政成本。增加内在动力有三个途径：其一，提高经济诱因。仅靠现有的经济诱因不能够提供足够的垃圾分类内在动力，这一点在目前的社会生活中已经被证实。只有那些有较大经济价值的垃圾才能够得到有效的分类，即便家庭中不进行分类，拾荒者也能够将这一部分垃圾从其他垃圾中有效地分离出来。所以，必须对那些目前来看没有多大经济回报的垃圾提供分类补贴，从而提供更多的经济诱因，以促进其无论是在家庭中还是在被丢弃后得以分类。其二，增加宣传教育，培养分类习惯，除通过经济诱因提高人们进行垃圾分类的内在动力之外，广泛地进行垃圾分类教育必不可少。诸如日本等发达国家对其国民从小就开始进行垃圾分类的宣传教育。垃圾分类这一举动可以通过习惯养成来巩固其效果。这是属于道德提升层面的内在动力。其三，增加其他内在动力，诸如与慈善活动结合起来。人类普遍具有同情心，这是慈善活动得以开展的前提。而将垃圾分类与慈善活动结合的项目，在中国台湾地区已经有了先例。具体而言，就是在社区中，通过义工上门收集各家各户提前分类好而且又有一定经济回报价值的垃圾，以筹集慈善款。这样，奉献爱心的道德驱动力使得人们在垃圾分类问题上有了更多的内在动力。目前，中国台湾慈济基金会已经将这种"垃圾换爱心"的模式引入苏州。

结语：走出"围城"的固体废物资源化

尽管现在决策者已经意识到了固体废物的问题与其他环境问题一样重要，固体废物对环境的危害也在逐渐显现，但是，在固体废物的管理手段方面仍然存在很多值得改进的地方。目前，困扰决策者的不仅仅是固体废物处理、处置的经济与技术问题，管理观念上的问题、管理体制的问题以及居民的邻避效应问题同样困扰着决策者。中国目前的固体废物管理已经处在一种"围城"的氛围之下。垃圾焚烧作为替代垃圾填埋的一项新的固体废物处置方式，自然有其优势，不仅可以解决部分固体废物问题，也能够带来经济效益，属于可以很快见效的固体废物处置方式，但是，固体废物的资源化虽然需要更大的投入，其所能带来的经济效益与环境效益更大，而且更符合可持续发展的理念。

固体废物的资源化，对企业而言，应当发展清洁生产与循环生态园区，以实现资源的充分利用；对居民而言，则应该进行垃圾分类回收。决策者在制定政策与法律的时候，往往更重视前者，因为经济效益更为明显。而后者由于所谓的居民环境意识不强，需要大量的宣传教育以及设备投入，决策者显得束手无策。其实，后者在固体废物资源化的过程中更为重要。居民的垃圾分类意识不高，并不是所谓的个体素质的问题，而是政策工具与法律制度的设计不当所致。

一个完善的固体废物资源化政策和法律体系，应当对企业采取更多的基于市场机制的经济刺激手段，毕竟追逐利益最大化乃是企业的根本目的；对于居民而言，必要的行政规制手段配合相关监督管理方式的转变，则是实现城市生活垃圾分类回收利用的必要保证。

　　总之，在固体废物填埋与焚烧一直不被社会认同的前提下，提高固体废物资源化的比例，是解决"垃圾围城"之困的必然途径。而鼓励企业和居民个人参与其中，则需要决策者更多的智慧，方能走出固体废物管理的"围城"。

参考文献

一　著作类

长春社（香港保护自然景物协会）：《环境名词索引》，长春社（香港保护自然景物协会）出版 1979 年版。

崔兆杰、谢锋：《固体废物的循环经济——管理与规划的方法和实践》，科学出版社 2005 年版。

陈慈阳：《环境法总论》，中国政法大学出版社 2003 年版。

陈立民：《环境学原理》，科学出版社 2003 年版。

陈明义、李启家：《固体废物的法律控制》，陕西人民出版社 1991 年版。

陈振明：《政策科学——公共政策分析引论》，中国人民大学出版社 2003 年版。

国家环境保护总局污染控制司：《固体废物管理与法规——各国废物管理体制与实践》，化学工业出版社 2004 年版。

何品晶、邵立明：《固体废物管理》，高等教育出版社 2004 年版。

胡象明：《经济政策与公共秩序》，湖北人民出版社 2002 年版。

李康：《环境政策学》，清华大学出版社 2000 年版。

李允杰、丘昌泰：《政策执行与评估》，北京大学出版社 2008 年版。

廖利、冯华、王松林：《固体废物处理与处置》，华中科技大学出版社 2010 年版。

刘天齐：《环境保护》，化学工业出版社 2000 年版。

宋国君：《环境政策分析》，化学工业出版社 2008 年版。

汤德宗：《废物资源回收制度改进之研究》，台湾"行政院"研究发展考核委员会 1997 年编印。

汪劲：《中国环境法原理》，北京大学出版社 2000 年版。

王立红：《循环经济——可持续发展战略的途径》，中国环境科学出版社 2005 年版。

温宗国：《当代中国的环境政策：形成、特点与趋势》，中国环境科学出版社 2010 年版。

翁岳生：《行政法》，中国法制出版社 2009 年版。

夏光：《环境政策创新：环境政策的经济分析》，中国环境科学出版社 2001 年版。

严强：《公共政策学》，社会科学文献出版社 2008 年版。

杨解军：《2001 年海峡两岸行政法学术研讨会实录》，东南大学出版社 2002 年版。

周炼石、张祖国：《经济政策学》，重庆出版社 1991 年版。

周佑勇：《行政法原论》，中国方正出版社 2005 年版。

张凯、崔兆杰：《清洁生产理论与方法》，科学出版社 2005 年版。

张坤：《循环经济理论与实践》，中国环境科学出版社 2003 年版。

［英］哈特：《法律的概念》，张文显等译，中国大百科全书出版社 1996 年版。

［美］保罗·波特尼、罗伯特·斯蒂文斯：《环境保护的公共政策》，穆贤清、方志伟译，上海三联书店 2004 年版。

［美］加布里埃尔·A. 阿尔蒙德：《比较政治学：体系、过程和政策》，曹沛霖等译，上海译文出版社 1987 年版。

［美］乔治·乔巴诺格劳斯：《固体废物管理手册》，解强、杨华国等译，化学工业出版社 2006 年版。

［瑞典］托马斯·思德纳：《环境与自然资源管理的政策工具》，张蔚文、黄祖辉译，上海三联书店 2005 年版。

Forbes R. McDougall, Peter R. White, Marina Franke, Peter Hinle, *Integrated Solid Waste Management*: *A Life Cycle Inventory*, Oxford: Blackwell Science Ltd. , 2001.

二　期刊论文

常纪文、黎菊云：《环境行政合同基本问题研究》（上），《河南公安高等专科学校学报》2004 年第 1 期。

陈德敏：《加快资源综合利用立法保障社会经济可持续发展》，《重庆大学学报》（社会科学版）1997 年第 1 期。

陈德敏：《我国资源综合利用的技术政策和法制环境》，《有色金属再生与利用》2003 年第 2 期。

崔俊丽等：《贵阳市生活垃圾产生处置现状及资源化利用》，《贵州大学学报》（自然科学版）2016 年第 4 期。

董敏、贺晓波：《发展循环经济的经济手段——国际借鉴和政策选择》，《生态经济》2006 年第 5 期。

樊夏、林浩、陈静：《垃圾"围城"是国际性难题》，《协商论坛》2010 年第 12 期。

郭廷杰：《依法促进资源再生利用效果明显》，《再生资源研究》2001 年第 6 期。

郭廷杰：《日本〈家电再生法〉实施状况简介》，《再生资源研究》2002 年第 3 期。

郭廷杰：《日本的〈食品废物再生法〉简介》，《再生资源研究》2001 年第 3 期。

解振华：《大力发展循环经济》，《求是》2003 年第 13 期。

韩庆利、王军：《关于循环经济 3R 原则优先顺序的理论探讨》，《环境保护科学》2006 年第 2 期。

黄红华：《政策工具理论的兴起及其在中国的发展》，《社会科学》2010 年第 4 期。

黄锦堂：《台湾地区环境法之检讨》，《政大法学评论》1993 年总第 49 期。

胡荣：《论法律保留的价值》，《政治与法律》2010 年第 9 期。

姜晓星：《论我国社会政策的传统模式及其转变》，《社会学研究》1992 年第 1 期。

匡远配、曾福生：《论两型社会：基于资源节约和环境友好互动的解释》，《湘潭大学学报》（哲学社会科学版）2011 年第 3 期。

李碧云：《社会进步视野中的"两型社会"》，《湘潭大学学报》

（哲学社会科学版）2010 年第 3 期。

　　刘朝：《美国固体废物的资源化》，《再生资源研究》1995 年第 5 期。

　　刘小成：《技术政策——新的历史时期的重要政策》，《中国科技论坛》1985 年第 1 期。

　　刘向阳、吴金明：《"两型社会"建设视野下的再制造与循环经济发展模式探析》，《湖南社会科学》2011 年第 4 期。

　　罗亚明等：《德国 Duales 废物回收体系》，《中国包装》2002 年第 3 期。

　　马诗院、马建华：《我国城市生活垃圾分类收集现状及对策》，《环境卫生工程》2007 年第 1 期。

　　钱建华：《简论授权明确性原则》，《甘肃政法学院学报》2005 年第 1 期。

　　孙志：《政府性基金问题的思考》，《中国财政》1998 年第 5 期。

　　汤德宗：《我国环境法与政策的现状及展望》，《东吴大学法律学报》2011 年第 1 期。

　　汤京平：《邻避性环境冲突管理的制度与策略——以理性选择与交易成本理论分析六轻建厂及拜耳投资案》，《政治科学论丛》1999 年第 10 期。

　　王国印：《论循环经济的本质与政策启示》，《中国软科学》2012 第 1 期。

　　王耀东：《中国迈向社会政策时代》，《政治与法律》2011 年第 2 期。

　　王灿发：《我国资源综合利用立法所存在的问题及其对策分析》，《环境保护》1998 年第 8 期。

　　王清军：《环境治理中的信息工具》，《法治研究》2013 年第 12 期。

　　吴季松：《综合资源立法是资源可持续利用的法律保证》，《中国人口·资源与环境》1997 年第 4 期。

　　夏光：《环境保护的经济手段及其相关政策》，《环境科学研究》

1995 年第 4 期。

阎宪、马江雅、郑怀礼：《我们把多少资源放错了地方？》，《环境保护》2011 年第 5 期。

叶俊荣：《论环境政策上的经济诱因：理论依据》，《台大法学论丛》1990 年第 1 期。

应飞虎、涂永前：《公共规制中的信息工具》，《中国社会科学》2010 年第 4 期。

张恒山：《论法以义务为重心——评"权利本位说"》，《中国法学》1990 年第 5 期。

张雅京：《引入公众参与机制应对固体废物污染》，《环境教育》2013 年第 11 期。

中国环境保护产业协会固体废物处理利用委员会：《我国工业固体废物处理利用行业 2010 年发展综述》，《中国环保产业》2011 年第 8 期。

周炳炎、郭平、王琪：《固体废物相关概念的基本特点》，《环境污染与防治》2005 年第 8 期。

朱长虹：《中国环境政策的目标与现实差距》，《数量经济技术经济研究》2000 年第 11 期。

朱柏铭：《厘定"政府性基金"的性质》，《行政事业资产与财务》2012 年第 2 期。

朱坦、高帅：《关于我国生态文明建设中绿色发展、循环发展、低碳发展的几点认识》，《环境保护》2017 年第 8 期。

Ali Abazari, Annie Kellough, "Less Junk in America's Trunk: the EPA's New Definition of Solid Waste", *Texas Environmental Law Journal*, Vol. 39, No. 1, 2008.

Emilie Travel Livezey, "Hazardous waste", *The Christian Science Monitor*, No. 6, 1980.

Hsing-Hao Wu, "Legal Development in Sustainable Solid Waste Management Law and Policy in Taiwan: Lessons from Comparative Analysis Between EU and U. S", *National Taiwan University Law Review*, No. 6, 2011.

J. B. Rhul, "Sustainable Development: A Five-Dimensional Algorithm for Environmental Law", *Stanford Environmental Law Journal*. Vol. 18, 1999.

James E. Donnelly, "Numbers Never Lie, But What do they Say? A Comparative Look at Municipal Solid Waste Recycling in the United States and Germany", *Georgetown International Environmental Law Review*, Vol. 15. 2002.

M. Purdue, I. Chyne, "Fitting definition to purpose: the search for a satisfactory definition of 'waste'", *Journal of Environmental Law*, Vol. 7. No. 2, 1995.

O'hare M., "Not in My Block You Don't: Facility Siting and the Strategic Importance of Compensation", *Public Policy*, Vol. 24. No. 4, 1977.

Paul G Gosselink, "Solid Waste Update", *Texas Environmental Law Journal*, No. 1, 2009.

Barak D. Richman, "Mandating Negotiations to Solve the NIMBY Problem: A Creative Regulatory Response", *University of California Los Angeles Journal of Environmental Law & Policy*, Vol. 20, 2002.

Renbi Bai, Mardina Sutanto, "The Practice and Challenges of Solid Waste Management in Singapore", *Waste Management*, Vol. 22, 2002.

Bette K. Fishbein, "EPR: What Does It Mean? Where Is It Headed?", *Pollution Prevention Review*, Vol. 8. No. 4, 1998.

Lisa Quinn, A. John Sinclair, "Policy Challenges to Implementing Extended Producer Responsibility for Packaging", *Canadian Public Administration*, Vol. 49, No. 1, 2006.

三　学位论文

崔先维：《中国环境政策中的市场化工具问题研究》，博士学位论文，吉林大学，2010 年。

杨洪刚：《中国环境政策工具的试试效果及其选择研究》，博士学位论文，复旦大学，2009 年。

辜仲明：《特别公课规范概念及基本原则之研究》，硕士学位论文，中原大学，2001 年。

黄德秀：《补偿对邻避现象的影响——以乌坵低放射性废料厂址

为例》，硕士学位论文，台北大学，2001 年。

吴宇：《固体废物回收利用的法律控制》，硕士学位论文，武汉大学，2005 年。

张蕙：《我国固体废物管理法律制度研究》，硕士学位论文，福州大学，2005 年。

四 网络资源

安徽省商务厅：《我省实施家电以旧换新经济社会环境成效斐然》（http://anhui. mofcom. gov. cn/aarticle/sjshangwudt/201107/20110707655740. html）。

世界银行：《中国固体废物管理：问题和建议》（http://www. worldbank. org. cn/Chinese/ Content/China-Waste-Managementcn. pdf）。

许富雄：《废物资源回收之现况与展望》（http：//www. ntpu. edu. tw/law/paper/ 07/2002a/9171205b. pdf）。

于幼军：《在建设生态文明中加强资源节约和环境保护》，中国共产党新闻网（http：//cpc. people. com. cn/GB/64162/82819/114926/114927/6840387.html）。

Helmut Schnurer, *German Waste Legislation and Sustainable Development*（http://www.bmu.de/ english/ documents/ doc/ 3291.Php）.

Philip Shepherd, *Environmental Legislation and the Regulation of Waste Management in Sweden*, Office of Scientific and Technical Information（OSTI）（ https：//www. nrel. gov/docs/legosti/old/7976. pdf）.

后　记

　　一转眼，拙作《中国固体废物的资源化：政策与法律》就要出版了。这本书的源头可以溯及我刚接触环境法之时。彼时正值《中华人民共和国固体废物污染环境防治法》修订，作为一个硕士研究生的我有幸被导师武汉大学法学院王树义教授带入该法的修订起草研究小组之中，做些辅助的研究工作，之后的硕士学位论文便与固体废物的资源化相关。若干年后，从事博士后研究时，因为合作导师武汉大学资源与环境科学学院侯浩波教授是从事固体废物资源化的科学家，故而重拾固体废物的法律和政策，开展了为期两年的博士后研究。博士后出站后，蒙师兄宁波大学钭晓东教授的盛情邀请，加入国家社科重大招标项目"社会源危险废物环境责任及治理机制研究"课题组，继续开展固体废物法律规制研究，并借此契机出版了本书。

　　本人断断续续地对固体废物相关问题开展研究，一方面是因为国内法学界从事固体废物理论研究的学者并不多，难以开展有效的交流；另一方面，坚持一个非热门议题的研究需要很大的勇气和耐心。但中国固体废物资源化问题讨论已久，从1985年开始起草固体废物相关法律之时，资源化的法律规制是否纳入就备受争议，直至最后《中华人民共和国固体废物污染环境防治法》颁布，固体废物资源化的内容也没有作为主体内容加以规定。随着"垃圾围城"现象在全国愈演愈烈，现在重拾固体废物资源化议题具有一定的意义。有些议题可能需要花一辈子的时间去研究，也不一定有"好"的结果。

　　在完成本书的过程中，要感谢的人很多。感谢王树义教授将我领进环境法之门，并在研究的路上一路鼓励；感谢师母温敏女士在生活中的关怀；感谢同门也是本书的编辑梁剑琴女士认真负责的编辑工作和对研究内容的提点；感谢刘静博士、周迪博士、刘琳博士、李华琪、彭中遥和王文卓在生活工作中的帮助，为我分担了很多日常琐碎的工作。

最后，要感谢我的妻子陈晓敏和女儿小樱。

2018 年 7 月 30 日于珞珈山下